Wladiwostok
Yanji
YANBIAN
Tumen
RUSSLAND
Quanhedao
HAMGYŎNG-PUKTO
(NORD-HAMGYŎNG)
Rajin
ektusan
Tumen
Ch'ŏngjin
Hyesan
GANG-DO
Ch'ilbo-
Gebirge
Ch'ilbosan
AMDO
ŎNG
Japanisches Meer
(Ostmeer)
A
75 km
AF792723

Rudolf Bussmann

Herbst in Nordkorea

Aus Nordkorea dringen kaum gesicherte Nachrichten zu uns. Wie sehen die Verhältnisse fernab der Hauptstadt aus? Der Schriftsteller Rudolf Bussmann hat zusammen mit der in der Schweiz lebenden südkoreanischen Journalistin Hoo Nam Seelmann die abgelegene Nordprovinz Hamgyŏng-pukto bereist. Die beiden haben Schulen und Betriebe besucht, Wanderungen in die Berge unternommen. Sie sind Menschen begegnet, die aber kaum auf sie reagierten, angesichts deren sich ihnen Fragen aufdrängen – zum Beispiel nach der Situation von Minderheiten und auch danach, was Freiheit in einem Land wie diesem eigentlich bedeutet. Und hier in der Ferne scheint die Mentalitätsspanne zwischen den Freunden in jedem ihrer mit feiner Selbstironie dokumentierten Gespräche auf – mehr als je in Europa.

Da von ihren Führern nur spärliche Auskünfte über Kim Jong-uns Staat zu erhalten waren, machte sich der Autor auf eine zweite Reise, die in die Geschichte Nordkoreas führte, in Statistiken und Wirtschaftsdaten, in die Erzählungen geflohener Nordkoreaner und Nordkoreanerinnen. Sein Bericht zeigt ein Land voller Schönheit und voller Rätsel, mit einer unbewältigten Vergangenheit und einer ungewissen Zukunft.

Rudolf Bussmann

Herbst in Nordkorea

Annäherung an ein verschlossenes Land

Rotpunktverlag

Der Verlag bedankt sich bei folgenden Institutionen für finanzielle Unterstützung:

prohelvetia

Fachausschuss Literatur
Kanton Basel-Stadt Kultur
KULTURELLES.BL

kultur
Lotteriefonds Kanton Solothurn
SWISSLOS

Der Rotpunktverlag wird vom Bundesamt für Kultur mit einem Strukturbeitrag für die Jahre 2021–2024 unterstützt.

www.rotpunktverlag.ch

Umschlag: Tänzerinnen während des Arirang-Festivals im Stadion Erster Mai in Pjöngjang am 8. August 2012.
Foto: Olaf Schuelke / Alamy Stock Foto

Gestaltung und Karten: Patrizia Grab

Druck und Bindung: Friedrich Pustet, Regensburg

ISBN 978-3-85869-909-1

1. Auflage 2021

Dieser Titel ist auch als E-Book erhältlich.

Inhalt

Vorbemerkung

Wer sich mit Nordkorea beschäftigt, macht die Erfahrung, dass sich dieser Staat der Annäherung entzieht, und dies in mehrfacher Hinsicht. Zum einen ist die Demokratische Volksrepublik Korea selbst äußerst zurückhaltend mit Informationen, die ihre inneren Belange betreffen. Was im Zentrum des Machtapparats, an der Spitze der Partei, der Armee, der politischen Gremien, an Auseinandersetzungen, Intrigen, Machtspielen vor sich geht und wie Beschlüsse zustande kommen, dringt nicht an die Öffentlichkeit, nicht an die nordkoreanische und auch nicht an eine internationale. Wirtschaftszahlen werden kaum bekannt gegeben, und wenn, lassen sie sich nicht überprüfen. Verlässliche Statistiken fehlen seit Jahrzehnten, was Vergleiche mit anderen Staaten problematisch macht und es erschwert, die Entwicklung des Landes nachzuzeichnen. Studien über die Lebensbedingungen der Einwohnerinnen und Einwohner, vor allem derjenigen auf dem Land, gibt es ebenso wenig wie eine Aufarbeitung der Geschichte seit 1948, als in Süd- und Nordkorea erstmals getrennte Wahlen stattfanden. So ist es fast unmöglich, sich ein Bild davon zu machen, wie es den Leuten in den wechselvollen Perioden vom Koreakrieg bis zur Machtübernahme von Kim Jong-un

2011 erging. Wir wissen wenig darüber, was die Bevölkerung denkt, fühlt, wovon sie träumt, wie sie den harten Wintern trotzt, mit dem geringen Lohn zurechtkommt, die Zeiten von Nahrungsmittelmangel überlebt.

Berichte von Menschen, denen die Flucht aus dem abgeriegelten Land geglückt ist, machen davon punktuell etwas sichtbar. Sie sind an Einzelschicksale gebunden und aus der Perspektive von Opfern geschrieben, die nicht selten traumatisiert sind, und geben vor allem Aufschluss über das Funktionieren des Repressionsapparats. Eine breitere Schilderung des sozialen, wirtschaftlichen und kulturellen Lebens in Nordkorea finden wir dort, wo die Zeugen in Sammelbänden zu Wort kommen und, begleitet von Kommentaren kundiger Herausgeber, sich gegenseitig ergänzen. Das gilt etwa für das von Daniel Tudor betreute Buch *Ask a North Korean*, das die Aussagen zahlreicher Betroffener zu inhaltlichen Schwerpunkten zusammenfasst. Das gilt auch für die Interviews mit Nordkoreanern, die von der US-amerikanischen Journalistin Barbara Demick zu *Geschichten aus dem Alltag in Nordkorea*, so der Untertitel, verdichtet wurden und über den Einzelfall hinausgehen. Sie lassen die Zeit der neunziger Jahre des letzten Jahrhunderts lebendig werden.

Eigentlich verlangte die undurchsichtige Nachrichtenlage danach, dass sich die westlichen Medien im Zusammenhang mit Nordkorea um besonders sorgfältige Abklärungen und vertiefte Recherchen bemühen. Stattdessen – und das ist die zweite Schwierigkeit, dem Land näherzukommen – schaffen Halbwissen und Vorurteile vor allem im Internet Raum für Spekulationen und ungehemmte Ausschmückung unbelegter Behauptungen. Stereotype werden zur Wahrheit erklärt, Gerüchte zur Gewissheit hochstilisiert, Ereignisse aus dem historischen Zusammenhang gerissen, Tatsachen mit Halbwahrheiten durchmischt. Nordkorea mutiert zum Phantomstaat, der, abgelöst von jeder Wirklichkeit, die Fantasie beflügelt.

Dem setzen Nachrichtenmedien in ihrer Berichterstattung nur wenig entgegen. Sie pflegen bei aktuellem Anlass pflichtschuldig das Nötigste zu melden und anstelle der anstehenden Analyse Material aus den eigenen Archivbeständen anzubieten. Fast schon reflexartig werden die Themen Atomprogramm, Gefangenenlager, Armut wiederaufbereitet. Mehr als die Vorgänge im Land scheinen die Auftritte des Diktators zu interessieren. So schlagen sich die nordkoreanischen Machtverhältnisse ungewollt in den Berichten nieder, und die Empörung über das totalitäre System droht in Heuchelei zu enden.

Gesichertes Wissen ist vor allem in jenen Medien zu finden, in denen regelmäßig gut informierte Korrespondenten schreiben, die sich auf Berichte internationaler Organisationen stützen, etwa in der NZZ, der *Zeit*, der *Welt*, *Le Monde* oder *The Guardian*. Ebenso durch die umfangreichen Recherchen von Nachrichtenportalen wie Arte, ZDF, Focus, die ihre Nachrichtenteams ins Land schicken und ergänzend Nordkorea-Kenner aus aller Welt befragen. Ihre Dokumentationen sind in der Regel auf die Hauptstadt und ihre Umgebung beschränkt und widmen sich Einzelthemen. Wer einen Gesamtüberblick über Geschichte und Entwicklung der nordkoreanischen Gesellschaft gewinnen will, kann auf einige Buchpublikationen zurückgreifen. Stellvertretend sei hier das Buch *Nordkorea* des ausgewiesenen Nordkorea-Experten Rüdiger Frank genannt, das Detailkenntnis mit guter Lesbarkeit vereint. Eine umfangreiche Materialsammlung bietet zudem die britische Wissenschaftlerin Hazel Smith, die in ihrem Buch *North Korea. Mar-*

kets and Military Rule ungefähr alle relevanten Daten über Nordkoreas Wirtschafts- und Sozialleben seit den neunziger Jahren zusammen getragen hat, die im Westen bis 2015 greifbar waren. Für Kenner der koreanischen Sprache, zu denen ich nicht gehöre, steht ein entsprechend großes Angebot an einschlägigen Werken zur Verfügung; seit Jahren wird an südkoreanischen Universitäten über den Nachbarn im Norden intensiv geforscht und publiziert.

Warum nicht einfach hinreisen und einen Blick hinter die Schleier werfen? Diese Überlegung begleitete mich eine Weile. Hinreisen, sich ein eigenes Bild machen und dieses ergänzen durch das verlässliche Wissen, das trotz allem über Nordkorea und seine Geschichte zur Verfügung steht. Europäische Staatsbürger haben das Privileg, jederzeit ohne Mühe ein Touristenvisum beantragen und nach Nordkorea einreisen zu können. Im Herbst 2018 reiste ich zusammen mit der Journalistin und Übersetzerin Hoo Nam Seelmann, die in Südkorea geboren und aufgewachsen ist und einen Schweizer Pass besitzt, nach Nordkorea. Der Auslöser ist Yu-mi – so nenne ich sie in diesem Buch – zu verdanken. Sie wollte einmal in ihrem Leben den Paektusan, den Weißkopfberg (*san* heißt Berg), besteigen, den heiligen Berg der Koreanerinnen und Koreaner, der auf dem nördlichen Grenzabschnitt Nordkoreas zu China liegt. Unserem Wunsch, bei dieser Gelegenheit die nordöstliche Provinz Hamgyŏng-pukto (*puk* heißt Nord, *to* oder *do* Provinz), Nord-Hamgyŏng, zu bereisen, wurde entsprochen, sodass wir fernab von Pjöngjang, dem üblichen Ziel für Touristen, unterwegs waren, in einer Gegend reich an Überraschungen und landschaftlicher Schönheit.

Wie alle ausländischen Besucherinnen und Besucher wurden wir von Führern begleitet und an sorgfältig ausgewählte

Reiseziele gebracht. Auch hatten wir uns damit abzufinden, dass es einen freien Kontakt zu den Einheimischen nicht geben kann. Dass Hoo Nam Seelmann die Landessprache spricht und sich mit den Leuten problemlos hätte unterhalten können, änderte daran nichts. Die Menschen gingen vorüber, ohne uns zu beachten, und wir machten gar nicht erst den Versuch, sie anzusprechen, um sie nicht in eine unangenehme Situation zu bringen. So unterblieb selbst ein Grüßen, das Reisende und Einheimische überall auf der Welt zu einem Gegenüber, zu Mitmenschen macht. Dieses Fehlen jeglichen Austauschs mit der nordkoreanischen Bevölkerung bildet das dritte Hemmnis, sich dem Land zu nähern.

Das letzte stellte sich bei der Niederschrift dieses Buches ein. Es betrifft die Haltung des Beobachters, der sich auf eine fremde Kultur und darüber hinaus auf einen weltpolitisch isolierten Staat einlässt. Mein eurozentrischer Blick ist das eine. Er erfuhr durch meine koreanische Begleiterin nicht selten eine heilsame Korrektur; dennoch ist die eingeschränkte Perspektive bei der Lektüre in Rechnung zu stellen. Das andere ist die Befangenheit, die sich bei dem ideologisch aufgeladenen Thema Nordkorea unwillkürlich einstellt. Wie begegnet man einem Staatswesen, dem eine rechtsstaatliche Praxis fehlt? Mit Interesse an seiner Geschichte, Verständnis für seine Menschen und deren Probleme. Aber wo beginnt in dem Versuch, auch das Regime und das politische Herrschaftssystem zu verstehen, bereits dessen Rechtfertigung? Bedeutet der Vorsatz, über das, was wir sehen, nicht vorschnell zu urteilen, schon Befangenheit? Wie sieht eine Kritik aus, die Missstände benennt, ohne die gängigen antikommunistischen Abwehrreflexe zu bedienen? Wie sieht eine Sprache aus, die nicht unterschwellig taxiert, den Gesprächspartnern nicht bei jedem Wort misstraut? Eine unvoreingenommene Haltung den offensichtlichen Widersprüchen gegenüber einzunehmen, die ein Land mit traumatischen Erfahrungen prägen und lähmen, ist unmöglich. Immerhin kann man versuchen, sich Urteile bewusst zu machen und diese zur Sprache zu bringen, und die benutzten Quellen kann man benennen. Dass die wissenschaftlichen Studien, die weltweit betrieben werden, das gesicherte Wissen über das Land laufend vermehren, stimmt im Übrigen verhalten optimistisch. Eine wachsende Zahl von Berichten, unterschiedlichen Perspektiven und auf genauem Hinsehen beruhenden Einschätzungen wird, so die Hoffnung, das um Nordkorea herrschende Dunkel allmählich erhellen.

Ein Präsidententreffen

Der Busfahrer steigt ein, wendet sich den Reisenden zu, legt die Hände mit den weißen Handschuhen vor seinen schlanken Leib und deutet eine Verbeugung an. Er heißt die Passagiere im Wagen willkommen und verspricht, sie sicher an ihr Ziel zu bringen. Dann setzt er sich in den Führerstand und fährt los.

Draußen ist es finster, die Fensterscheiben sind beschlagen, Tropfen sausen auf ihnen nach hinten, als säße man noch immer im Flugzeug und flöge durch eine Wolkenbank. Helle und dunkle Flecken wechseln sich ab, nehmen vorübergehend Konturen an, werden zu einer Insel, einem Schiff, verfließen wieder. Der Flughafen Incheon liegt auf einer vorgelagerten Insel im Gelben Meer, die Straße führt über einen Damm der südkoreanischen Hauptstadt Seoul zu.

Über dem Führerstand ist ein Bildschirm angebracht. Häuser sind darauf zu sehen, Hochhäuser, eine breite Prachtstraße, auf der ein Konvoi schwarzer Limousinen unterwegs ist. Im Hintergrund eine Skyline vor einem hellgrauen Himmel. Kein Regen, keine Wolken. Die Augen der Passagiere sind gespannt nach vorn gerichtet. Das kolossale Gebäude, das jetzt ins Bild kommt, ist der Regierungspalast in Pjöngjang. Es läuft eine Sendung über das politische Großereignis des Tages, das Treffen des südkoreanischen Präsidenten Moon Jae-in mit Nordkoreas Präsidenten Kim Jong-un. Die Delegationen steigen aus, die Kamera begleitet sie bis zur Tür.

Bilder aus dem nordkoreanischen Fernsehen werden eingeblendet: das Zeremoniell am Flughafen nach der Landung der südkoreanischen Delegation, das Meer winkender Hände und geschwungener Fähnchen, das Abschreiten der Ehrengarde. Man sieht die Mündungen der Rohre, aus denen die Ehrensalve abgefeuert wird, während die zugehörigen Kanonen unsichtbar bleiben.

»Hast du das gesehen?« Yu-mi, die vor mir sitzt, dreht sich nach mir um. »Unser Präsident hat sich soeben vor dem nordkoreanischen Volk verbeugt.« Eine rechtwinklige Verbeugung, das ist in Nordkorea sonst die Art, wie das Volk dem Herrscher seinen Respekt zu erweisen hat. Die Verbeugung eines Präsidenten vor dem Volk ist für die Nordkoreaner etwas Unerhörtes. »Und jetzt schau! Kim Jong-un kommt nicht umhin, seinerseits eine Verneigung anzudeuten.«

»Es sieht eher so aus, als schaue er diskret nach, ob seine Schnürsenkel gebunden sind.«

»Ja, diese Geste wird nur denen auffallen, die mit der Sprache der gängigen Rituale vertraut sind.«

Am Abend dieses Tages postet der Historiker Jeon Woo-yong auf Facebook den Satz: »Moon Jae-ins Verbeugung wird im nordkoreanischen Bewusstsein eine tiefere Wirkung hinterlassen als zehn Milliarden Propagandaschriften.«

Das südkoreanische Fernsehen zeigt, wie die beiden Delegationen im Innern des Präsidentenpalasts Aufstellung genommen haben. Ein Tuscheln geht durch die Reihen der Passagiere, die dem Geschehen auf dem Monitor folgen.

»Die Kameras dürfen das Treffen filmen? Das hat es noch

nie gegeben.« Yu-mi hat sich der grauhaarigen Frau zugewendet, die neben ihr sitzt. »Selbst in der Phase der Sonnenscheinpolitik, als sich Präsident Kim Dae-jung im Jahr 2000 zum Gipfeltreffen mit Kim Jong-il nach Pjöngjang begab, fielen die Türen hinter den eintretenden Präsidenten zu.«

»Ach, es wird wieder alles im Sand verlaufen«, sagt die Frau – Yu-mi übersetzt für mich das Gespräch. »Nordkorea hat damals mitten in der Sonnenscheinpolitik eine Atombombe gezündet, die halten sich an keine Abmachungen. Wann war das schon wieder?«

»2006 war das. Es waren aber die Amerikaner, die eine Annäherung sabotierten. 2002 hatte George W. Bush erklärt, Nordkorea gehöre zur Achse des Bösen. Spätestens nach dem Einmarsch der USA im Irak 2003 war abzusehen, was dies für Konsequenzen haben konnte. Nordkorea war gezwungen sich vorzusehen.«

»Solange sie nicht auf ihr Atomprogramm verzichten, wird es keinen Frieden und keine Wiedervereinigung geben«, beharrt die Frau.

»Erst müssen die USA die Garantien abgeben, die Nordkorea fordert, und ihren Boykott aufheben. Sonst wird Kim niemals einlenken.«

Die Kamera zoomt das Geschehen näher heran. Die beiden Staatsmänner unterzeichnen eine Vereinbarung. Darin erklären sie, die koreanische Halbinsel zu denuklearisieren. Sie reichen sich die Hand. Anschließend unterzeichnen die Verteidigungsminister ein Dokument, in dem ihre Staaten versprechen, sich gegenseitig Feindseligkeiten zu enthalten. Auch sie geben sich die Hand. Moon Jae-in hat eine hochrangige Wirtschaftsdelegation mitgebracht, ein Anzeichen dafür, dass man sich vom Treffen wichtige Impulse verspricht.

Dann beginnt alles von vorn. Der Sender wiederholt die Feierlichkeiten im Viertelstundentakt. Die Delegation landet, die Präsidenten schütteln sich die Hände, Moon verbeugt sich vor den nordkoreanischen Zuschauern. Vor dem Regierungsgebäude steigen die beiden aus den schwarzen Limousinen. Als unser Bus vor dem alten Gyeongbok-Palast im Zentrum von Seoul hält, unterschreiben sie gerade zum dritten oder fünften Mal ihre Erklärung, halten die Urkunde hoch, tauschen sie aus. Das Ereignis wird medial gefeiert wie ein Sieg bei der Fußballweltmeisterschaft.

Beim Aussteigen hat uns das Gesehene so sehr gefangen genommen, dass wir den Regen gar nicht bemerken und erst, als uns Wassertropfen übers Gesicht laufen, die Schirme aufspannen.

In der kleinen Pension in Insa-dong ist es ruhig. Der Besitzer, etwa Mitte vierzig, hat ein großes rundes Gesicht, das immer lacht. Yu-mi will sogleich seine Meinung über die Begegnung hören. Im Flugzeug hat sie stundenlang Zeitung gelesen. Was sie nicht vergessen will, lädt sie in den sichersten der Speicher hoch, in ihren Kopf. Der Besitzer der Pension weiß auch nicht mehr, als was im Fernsehen gezeigt wurde. Also beugt sie sich, nachdem wir die Zimmer bezogen haben und unten im Foyer sitzen, über ihr Tablet. Während ich nach dem langen Flug vor einer Tasse Tee mehrmals einnicke, ist sie am Vergleichen, Suchen, Aktualisieren. Am Dechiffrieren der symbolischen Gesten.

»Kim Jong-uns Vater Kim Jong-il hat während seiner ganzen Amtszeit keine einzige Pressekonferenz abgehalten, nicht einmal aus Anlass der beiden Gipfelgespräche 2000 und 2007«, sagt sie. »Sein Sohn dagegen pflegt einen Stil, der Öffentlichkeit demonstrieren soll. Es lohnt sich, das Arrangement genau zu studieren. Es sagt oft mehr als der Inhalt der unterzeichneten Dokumente aus.«

Die Ereignisse des zweiten Besuchstags werden ihr recht geben.

Der nächste Tag hält drei Überraschungen bereit. Als erster südkoreanischer Präsident spricht Moon Jae-in vor der nordkoreanischen Öffentlichkeit. 150 000 Nordkoreaner haben sich im Stadium Erster Mai in Pjöngjang versammelt, um ihm zuzuhören, ihm zu applaudieren, ihm zuzujubeln. Dann kündigt Moon vor seinem Abflug an, er habe den nordkoreanischen Präsidenten Kim Jong-un nach Seoul eingeladen; mit einem Besuch sei demnächst zu rechnen. Yu-mi klatscht in die Hände, auch wenn sie weiß, dass es eine Annäherung zwischen den beiden Staaten ohne das Einlenken von China und den USA nicht geben wird, wonach es im Moment nicht aussieht. Was sich an diesem Tag aber mit hochgradiger Bedeutung auflädt, ist der Ausflug der Präsidenten zum Paektusan.

Der Vulkanberg, über dessen Gipfel die heutige Grenze zwischen Nordkorea und China verläuft, gilt als spirituelle Geburtsstätte der koreanischen Nation. Kim Jong-un hat dem Wunsch seines älteren Amtskollegen stattgegeben, den dieser mit vielen Koreanerinnen und Koreanern teilt: einmal in seinem Leben den Himmelssee, den Kratersee des Paektusan, erblicken zu können. Allein die offenbar spontane, jedenfalls unangekündigte Abänderung des Protokolls ist eine Sensation. Sie zeigt den Willen der beiden Präsidenten, sich über Formalitäten hinwegzusetzen.

Im Fernsehen sieht man die beiden Männer mit ihren Gattinnen am See stehen, dessen Ufer nur von der nordkoreanischen Seite her zugänglich ist. Moon steht mit den Schuhen halb im Nassen. Er bückt sich, schöpft Wasser in eine Plastikflasche, die seine Frau aus ihrer Handtasche gezogen hat und die halb gefüllt ist mit Wasser aus Südkorea. Von allen symbolischen Handlungen, die das Treffen begleiten, ist dies die demonstrativste, das Mischen von Wasser aus der Umgebung des Hallasan, des höchsten Bergs Südkoreas, und aus dem Kratersee des Paektusan im Norden als Vorwegnahme der Vereinigung des koreanischen Volkes.

»Das ist unser Ziel!« Yu-mi zeigt auf die Zacken der Caldera, die wie eine Krone in den blauen Himmel aufragt. »In vier Tagen werden wir dort oben stehen, kannst du dir das vorstellen?«

Mit einer südkoreanischen Reisegruppe werden wir zu der chinesischen Stadt Yanji im Bezirk Yanbian fliegen und von der chinesischen Seite her auf den Berg gelangen. Für südkoreanische Touristen steht nur diese Möglichkeit zur Verfügung; auch den übrigen ausländischen Besucherinnen und Besuchern wird der Zugang von Nordkorea aus bloß in Ausnahmefällen erlaubt. Was jetzt Fernsehbilder sind, die schroffen Wände, der in sie eingebettete See, der sich darüber wölbende Himmel, werden wir, wenn alles nach Plan verläuft, als Wirklichkeit erleben.

Tumen, der Todesfluss, und Paektusan, der heilige Berg

Ein Stück Ufer, ein Fluss. Ein flacher, träge dahinfließender Fluss, an die siebzig Meter breit. Darin spiegelt sich der graue Himmel. Schilf und Gebüsch auf der anderen Seite, dahinter eine Ebene. In der Ferne ein Berg.

Dort drüben ist Nordkorea. Wir stehen auf der chinesischen Seite der Grenze, inmitten der südkoreanischen Reisegruppe, mit der wir einige Tage unterwegs sind. Es gibt nichts zu sehen als nur diesen Fluss und den fernen Berg, an dessen Fuß helle Würfel auf eine Siedlung schließen lassen. Die Gespräche sind verstummt, man steht auf der Treppe zum Ufer und schaut hinüber.

Vom Flughafen Yanji aus sind wir eine gute Stunde in östlicher Richtung gefahren und werden diese Strecke wieder zurückfahren. Das Changbai-Gebirge mit dem Vulkanberg Paektu, unser Reiseziel, liegt in der Gegenrichtung. Die Gruppe ist eigens an den Fluss Tumen gereist, um einen Blick hinüber in die *terra incognita* zu werfen, in das verbotene Land, das man nur aus Filmen, Büchern, Erzählungen kennt.

An der Anlegestelle warten kleine Motorboote. Auf ihnen kann man sich in die Mitte des Flusses fahren lassen, exakt an die Grenze. Es ist die maximale Annäherung an Nordkorea.

»Ich mag nicht mitfahren. In wenigen Tagen werden wir im Land sein. Es ist lächerlich, an seiner Grenze im Boot hin und her zu fahren«, sage ich zu Yu-mi.

Sie steigt ein, streckt mir die Hand entgegen: »Komm! Nirgends ist die Spannung größer als an einer Grenze, die man nicht betreten darf. Hier bleibt das Land eine vibrierende Imagination. Sobald du in ihm bist, wird es simple Wirklichkeit.« Ich steige ein.

Die Boote füllen sich. Eine Viertelstunde Fahrt kostet zwanzig US-Dollar, für hiesige Verhältnisse viel Geld. Das Geschäft mit den Emotionen der Menschen, für die diese Landeshälfte tabu ist – obwohl Teil ihrer Geschichte, ihrer Identität, ihrer Sehnsucht –, ist einträglich. Es ist eine skurrile Fahrt ohne jede Abwechslung, einige Minuten flussabwärts, einige Minuten flussaufwärts.

Um die Bootshaltestelle herum wurde ein kleiner Vergnügungspark eingerichtet. Ein paar Männer kauern auf dem Boden um ein Brettspiel. Mütter stehen neben einer Schaukel und schauen ihren Kindern zu. Die Zwillingsräder, miteinander durch eine gemeinsame Sitzbank verbunden, mag bei diesem Wetter niemand mieten, es ist trüb und windig.

Für das Erinnerungsfoto an dieser entlegenen Ecke ist ein spezieller Rahmen gebaut worden, eine Art Fußballtor, an dessen oberer Latte die Wappen von Nord- und Südkorea angebracht sind. Anstelle des Torwarts bringt sich gerade eine Familie in Position. Ein Fluss, eine verlassene Ebene, ein Berg, auf dem sich die Antennen einer Militäranlage in die Höhe recken, das ist die Ansicht vom fremden Bruder, welche die Touristen nach Südkorea mitnehmen werden.

Aufgeregte Stimmen auf dem Rückweg zum Reisebus. Eine Frau will eine verdächtige Bewegung im Ufergebüsch wahrgenommen haben. War es eine Patrouille von Grenzsoldaten? Ein Flüchtling, der sich anschickte, das Wasser zu durchschwimmen? So entstehen Legenden. Den Tumen kümmern sie nicht, sein Wasser fließt ungerührt dem Japanischen Meer zu. Er entspringt am Paektusan, unweit von seinem Zwillingsfluss Yalu (koreanisch Amnokkang, auch Amnokgang; *kang* oder *gang* bedeutet Fluss), mit dem zusammen er den Grenzverlauf zwischen Nordkorea und China bestimmt. Während der Yalu nach Südwesten ins Gelbe Meer fließt, nimmt der Tumen Kurs Richtung Nordosten; auf den letzten siebzehn Kilometern bildet er die Grenze zwischen Nordkorea und Russland.

Korea ist an drei Seiten von Meer umflossen. Auf dem Land markieren Yalu und Tumen die Grenze. Seit der ersten politischen Einheit der Halbinsel im 10. Jahrhundert unter dem Reich Koryŏ (das dem Land den Namen gegeben hat) trennen sie die Koreaner von ihren Nachbarn. Trotz Einfällen der Jurchen, Mandschus und Mongolen bildeten sie eine Grenze, die periodisch zwar verletzt, überschritten, ignoriert wurde, letztlich aber als Abschluss des von den Koreanern beanspruchten Gebiets Bestand hatte.

Die beiden Flüsse sind es auch, über die aus Nordkorea Geflüchtete nach China, von da nach Südkorea oder in andere Länder gelangen. Wie vielen die Flucht geglückt ist, darüber gibt es nur Schätzungen; seit der Gründung der Demokratischen Volksrepublik Korea sollen es bis zu 300 000 sein, wobei die Dunkelziffer weit höher liegen dürfte. Die meisten ließen sich in China und Russland nieder. Die verlässlichsten Zahlen stammen aus Südkorea, wo zwischen 1953 und 2020 über 33 000

Flüchtlinge registriert wurden. Nach der Machtübernahme von Kim Jong-un nahm der Flüchtlingsstrom ab. Er liegt inzwischen bei jährlich rund tausend Menschen, für die lange die Bezeichnung *defectors*, Überläufer, verwendet wurde. Der Begriff *defector* ist irreführend, da er die Geflüchteten nicht nach dem Grund ihrer Flucht unterscheidet und auch Menschen, die während der Hungersnot in den neunziger Jahren aus dem Land flohen, als Abtrünnige stigmatisiert. Mehr und mehr setzt sich die Bezeichnung *refugee* durch, einer, der flieht, weil er existenziell bedroht ist, sei es durch Hunger, sei es durch fehlenden Schutz vor Willkür, Folter, Arbeitslager oder der Hinrichtung.

Da an der schwer bewachten Grenze zu Südkorea kein Durchkommen ist und der Fluchtweg über das Meer nur selten gewagt wird, spielen sich die meisten Flüchtlingsdramen entlang des Yalu und des Tumen ab. Gegen das nötige Fluchtgeld steht den Flüchtenden ein Netz von Schleppern und Fluchthelfern zur Seite, welche die entsprechenden Pfade kennen und die Grenzsoldaten bestechen. Geflüchtete berichten von abenteuerlichen Transfers bis vor den Fluss, den sie dann allein zu durchqueren hatten. Wie viele Menschen in den nächtlichen Kontrollen der Armee hängen geblieben sind, wie viele erschossen wurden, darüber weiß niemand Bescheid.

Auf der Rückfahrt bleibt es still im Bus. Man wollte bloß mal einen Blick auf den anderen Teil der koreanischen Halbinsel werfen und stand unvermittelt vor einem Fluss, der Schauplatz so mancher Tragödie ist. Man wollte sich auf einem kleinen Bootsausflug amüsieren und fuhr über einen Abgrund. Man stieg am chinesischen Ufer an Land, ohne von einer Kugel getroffen zu werden, nur weil man die richtige Staatsbürgerschaft besitzt.

Der zweite Blick auf Nordkorea eröffnet sich zwei Tage später oben auf dem Gipfelgrat des Paektusan auf 2700 Metern Höhe. Den Ausblick mussten wir uns mit viel Geduld verdienen. Am Vortag war das Wetter so schlecht, dass wir uns am Fuß des weitläufigen Changbai-Gebirges in Bereitschaft halten mussten, in Gesellschaft von Dutzenden chinesischer Reisegruppen. Auch heute warteten wir zunächst vergeblich. Die Gipfel waren von Wolken verhüllt. In den höheren Regionen habe es geschneit, die Schneeräumungsarbeiten seien im Gang, hieß es. Wir mussten mit einer Ersatzwanderung Vorlieb nehmen, stiegen entlang von Bächen zu kleinen Bergseen hoch, vorbei an dampfenden Schwefelquellen und Wasserfällen, blickten in steile Taleinschnitte und bestaunten bizarre Lavaformationen. Eine beeindruckende Landschaft, aber nicht das, was wir sehen wollten. Am Nachmittag dann, einige Reisegruppen waren schon unverrichteter Dinge ins flache Land zurückgekehrt, kam bei den chinesischen Führern Hektik auf. Es konnte ihnen auf einmal nicht rasch genug gehen: Hier, in diesen Bus einsteigen! Kaum waren wir ein paar Minuten gefahren, aussteigen, in einen anderen Bus umsteigen, losfahren, aussteigen. Schließlich wurden wir willkürlich auf kleinere Geländewagen aufgeteilt, Chinesen, Koreaner und ein Europäer, und ab ging's, mit Allradantrieb die steile Rampe des Bergs in Haarnadelkurven hinan, in forciertem Tempo hoch zu einem Parkplatz ein Stück unterhalb des Vulkanrands.

Von dort marschieren wir in einer langen Kolonne auf einem Trampelpfad durch den Schnee in Richtung Gipfelgrat. Tief unten erstreckt sich in leichten Wellen das Land. Weite hellgelbe Felder ziehen sich hinüber in die Mandschurei, Schatten von Wolken segeln darüber weg. Vor uns am Steilhang ragen vereinzelte Felsbrocken aus dem Schnee. Es ist kalt, die Leute sind in ihre Jacken eingehüllt, haben sich Mützen aufgesetzt, stapfen aufwärts, den Blick zum Boden, um nicht auszurutschen. Die Vulkankrete ist durch eine Absperrung aus Seilen gesichert. Die Menschen stehen dicht an dicht auf einem rund hundert Meter langen Abschnitt, der vom Schnee geräumt ist. Einige haben sich uns zugewandt.

»Warum schauen sie her und winken?«, fragt Yu-mi.

Sie blicken nicht zu uns, sie schwenken ihre Telefone und machen Selfies. Oder sie lassen sich ablichten, mit dem Bergpanorama im Hintergrund. Als wir oben ankommen, entfährt uns wie allen ein Laut des Staunens. Der Boden bricht ab, senkrecht fällt der Vulkanfels in die Tiefe. Hunderte Meter unter uns erstreckt sich in dem ausgreifenden Kessel glatt und unbewegt der Kratersee. Die Sicht hinüber auf die verschneite Caldera, wo irgendwo die Grenze zu Nordkorea beginnt, auf die schwarzen Zacken der erstarrten Lava und hinab in den weit geschwungenen Krater nimmt einem beinahe den Atem. Im See spiegelt sich der stahlblaue Himmel, silbrige Wolken ziehen darüber hin. Oben und unten sind vertauscht, man blickt hinunter in das Firmament. Fast zehn Quadratkilometer Fläche bedeckt der Himmelssee, er reicht bis in eine Tiefe von 384 Metern und zählt zu den bedeutenderen Kraterseen der Erde.

Immer schon und bis heute wird der Paektusan von den umliegenden Völkern verehrt. Der legendäre Gründer des ersten koreanischen Staates, Tan'gun, soll hier als Frucht der Verbindung des Himmelsgottes Hwanung und einer Bärin geboren worden sein. Als höchster Gipfel der koreanischen Halbinsel gilt er im nördlichen wie im südlichen Teil als Symbol eines vereinigten Korea, auch wenn sich Nordkorea bemüht, ihn als den heiligen Berg der koreanischen Revolution der Historiografie des Staates einzuverleiben. Das schwer zugängliche Bergmassiv diente Kim Il-sung, dem späteren Staatsgründer Nordkoreas, und den von ihm geführten Partisanen als Zentrum des Widerstands gegen die japanische Besatzung. In einem Geheimlager in einer verschneiten Blockhütte soll nach nordkoreanischer Darstellung auch Kim Jong-il, der Sohn und Nachfolger Kim Il-sungs, das Licht der Welt erblickt haben. In Wirklichkeit wurde er weit weniger romantisch in einem sowjetischen Ausbildungslager in Russland geboren.

Heute teilen sich Nordkorea und China den Berg. Die Aufteilung fand ohne Beteiligung der Koreaner statt, 1909 in der Gando-Konvention zwischen China und Japan, als Korea unter japanischer Kolonialverwaltung stand; das Abkommen wurde erst 1963 von nordkoreanischer Seite akzeptiert. Der heilige Berg ist längst zu einem Politikum geworden. Und der Tagestourismus auf seine Caldera hat die Aura des Spirituellen, die ihm seit Urzeiten anhaftet, entzaubert. Dennoch vertraute der Ausflug der Präsidenten von Nord- und Südkorea mit ihren Gattinnen vor zwei Tagen auf seine alte Symbolkraft. Von ihm sollte das Signal ausgehen, dass es eines Tages einen friedlichen Zugang aller Menschen und Völker zu diesem Berg geben wird.

Über die Grenze

Um sieben Uhr früh wartet an der Rezeption des Yanbian International Hotel in Yanji der chinesische Fahrer, der uns an die nordkoreanische Grenze bringen wird. Es ist ein junger Mann, vielleicht dreißig; von ihm stammt der Brief, der am Vortag unter der Zimmertüre hindurchgeschoben wurde und mit großen ungelenken Buchstaben an den Termin erinnert. Der Mann verbeugt sich und streckt uns sein Smartphone entgegen, auf dem er uns via Übersetzungsprogramm eine gute Reise wünscht. Wir steigen in seinen Wagen.

In der Stadt herrscht dichter Morgenverkehr. Eltern bringen ihre Kinder mit dem Auto zur Schule oder lassen sie per Taxi hinfahren; einige Mütter sind, ihr Kind an der Hand, zu Fuß unterwegs. Wer ein Fahrrad oder einen der dreirädrigen Kleinwagen fährt, versucht, im gefährlich schmalen Korridor zwischen den Autokolonnen vorwärtszukommen, nur dort wird er geduldet. An den Bushaltestellen stehen die Wartenden eng nebeneinander direkt an der Fahrbahn. Für sie ist kein Platz vorgesehen; sie drücken ihren Rücken, vor ihren Füßen die rasenden Autos, an eine Hecke oder eine Mauer.

Wir verlassen die Stadt mit ihren 650 000 Einwohnern Richtung Osten. Allmählich lichten sich die Häuserreihen, Werkstattschuppen und Fabriken stehen vereinzelter. Auf einer neu gebauten Autobahn fast ohne Verkehr geht es über Hügel mit herbstlich farbigen Wäldern hinunter in die weite Ebene, die der Fluss Tumen geschaffen hat. Wir müssen den nördlichen Zipfel Nordkoreas umfahren. Auf der Höhe der Stadt Hunchun wechselt der Fahrer auf eine Autostraße, gesäumt von Büschen und roten Blumen, die uns südostwärts durch einen wenige Kilometer breiten Korridor zwischen Nordkorea und Russland an die nordkoreanische Grenze bringt.

Wir können über den Grenzübergang bei Quanhedao nach Nordkorea einreisen, der vorwiegend dem Warentransport dient und zudem chinesischen Reisegruppen offensteht. Gewöhnlich werden Touristen in den besser entwickelten Süden geführt, nach Pjöngjang, an die Grenze zu Südkorea und zu den großen Landwirtschaftskollektiven. Von den zwanzig Prozent des Staatsgebiets, die für Fremde überhaupt zugänglich sind, gehört die nordöstliche Ecke nicht zu den Vorzeigedestinationen. Umso größer unsere Neugier, die wenig bekannte Provinz Hamgyŏng-pukto zu besuchen. Die Wahrheit über ein Land ist am leichtesten in seinen ärmsten Gebieten zu erahnen.

Der Fahrer hält auf einem Parkplatz voll von Taxis und einigen Bussen. Wer keine Waren zu transportieren hat, steigt hier aus, lässt den Wagen stehen und geht zu Fuß über die Grenze. Am Ende des Parkplatzes erhebt sich ein hoher gemauerter Durchgang wie ein Triumphbogen. Dahinter findet unter freiem Himmel eine erste Passkontrolle statt. Vor uns erstreckt sich ein weiter Platz, leer, an seinem Ende liegt das chinesische Abfertigungsgebäude. Die Anlage erinnert an einen buddhistischen Tempelbezirk, wo Tore und Vorhöfe den Besucher von seinem gewohnten Leben lösen, ihn in das

Heilige einstimmen und erst nach und nach Zugang zum Inneren gewähren.

Ich zögere. Erstmals seit dem Entschluss, hierher zu reisen, kommen mir Bedenken. Hinter diesen säkularen Tempelmauern werde ich nicht nur mein gewohntes Leben aufgeben, sondern auch meinen freien Willen und meine Entscheidungsfreiheit. Ich habe mich auf ein Abenteuer eingelassen, das ich nicht steuern, nicht beeinflussen, nicht unterbrechen kann und aus dem es unterwegs keinen Ausstieg gibt. Ich werde mich Leuten anvertrauen müssen, deren Absichten ich nicht kenne, die uns in der Hand haben, uns die Regeln diktieren und Dinge erklären, die wir nicht nachprüfen können.

Wir ziehen die Rollkoffer über das holprige Pflaster. Genau das, sage ich mir, hast du doch gerade vier Tage lang praktiziert. Du hast deinen Willen an die südkoreanische Reiseleiterin abgegeben und dich zu einem Trip aufgemacht, bei dem du nicht ein einziges Mal nach deinen Wünschen gefragt wurdest. Du hast alles mitgemacht, was für euch vorgesehen war, hast gegessen, was euch vorgesetzt, nicht hinterfragt, was euch gesagt wurde. Kein einziges Mal hast du dich von der Gruppe entfernt oder hast abends das Hotel verlassen. Was misst du jetzt mit ungleichem Maß?

Am Fuß der Freitreppe, die in das chinesische Grenzgebäude führt, fragt uns ein Offizier nach dem Grund unseres Grenzübertritts. Er wünscht uns eine gute Reise und weist uns zum Eingang. Im Innern ziehen einige Dutzend junge Frauen unsere Aufmerksamkeit auf sich, die in akkurater Dreierkolonne vor einer Absperrung stehen, schweigend, mit makellosem Make-up, die Haare streng nach hinten gebunden. Sie tragen Rock und Bluse oder ein Kleid und Pumps. Es sieht aus, als hätten sie sich zu einer Aufführung eingefunden. Keine lächelt, keine verzieht das Gesicht, sie stehen vollkommen ausdruckslos, geduldig und diszipliniert in der Reihe. Einzeln treten sie an den Schalter, wo sie unbeweglich und aufrecht stehen wie vor den Schranken des Gerichts.

»Wer ruft diese adretten Puppen ins Reich von Kim Jongun?«, frage ich Yu-mi.

Yu-mi schaut mich von der Seite an. Ihr rechtes Auge ist zugekniffen, kein gutes Zeichen bei ihr. »Ich weiß nur eines«, sagt sie, »es sind gut gekleidete junge Asiatinnen. Von ihnen als von Puppen zu sprechen, kann nur einem Mann einfallen. Einem Europäer«, ergänzt sie. »Bei einem ähnlichen Aufmarsch junger Pariserinnen würdest du kaum das Wort ›Puppen‹ in den Mund nehmen, oder?«

Zwei junge Männer nehmen uns in Empfang, nachdem wir die Schalter der chinesischen Grenze passiert haben. Es sind unsere nordkoreanischen Führer. Sie nehmen unsere Pässe an sich. Elektronische Geräte und Bücher müssen ausgepackt und auf einem Tisch ausgebreitet werden; sie gehen zusammen mit unseren Pässen einen eigenen Weg, während wir unsere Koffer auf das Laufband legen. Die junge Beamtin am Durchleuchtungsapparat weiß genau, was sie sehen will, die Tasche mit dem Fotoapparat und den Fotospeicherkarten. Diese werden, ebenso wie Bücher und Gadgets, auf einer Personalkarte aufgelistet, die bei der Ausreise wieder vorzuzeigen ist. Erst dann wird uns bewusst werden: Wichtig für die nordkoreanischen Beamten ist weniger, was man einführt, als dass man es wieder mitnimmt. Nichts soll dableiben, was Bilder, Wissen, Unterhaltung aus dem Rest der Welt ins Land bringen könnte.

Als ich den Koffer aufnehmen will, legt sich eine Hand auf die meine. Der Führer wird den Koffer zum wartenden Shuttlebus tragen. Die Innenfläche seiner Hand ist feucht.

Der Bus bringt uns über eine Betonbrücke hoch über der Schlucht, die der Tumen in die Hügel gegraben hat. Auf der nordkoreanischen Seite steigen wir vor einem Gebäude aus. Eben tritt eine Gruppe junger Frauen aus dem Haus, ähnlich schick angezogen wie die auf der anderen Seite. In Zweierkolonne warten sie auf die Ausreise nach China. Kaum haben wir den Bus verlassen, nähern sie sich und steigen wieselflink ein. Auch einige junge Herren in schwarzem Anzug sind unter ihnen. Es sind, erfahre ich auf meine Frage, chinesische Angestellte, die in Nordkorea arbeiten. Sie befinden sich auf dem Weg nach Hause, während diejenigen, die in unserer Richtung unterwegs sind, an ihren Arbeitsort fahren. Wir haben die nordkoreanische Sonderwirtschaftszone Rasŏn betreten, wo sich zahlreiche chinesische und einige russische Unternehmen angesiedelt haben, die eigene Leute beschäftigen. Begegnet uns hier eine Art Wirtschaftskolonialismus, der die einheimischen Arbeitskräfte und das einheimische Kapital an den Rand drängt? Ist das eine Variante des Frühkapitalismus, ist es eine Form des entwickelten Sozialismus oder eine Kombination von beidem?

Vor dem Kleinbus, mit dem wir in den nächsten Tagen unterwegs sein werden, bekommen wir Bücher, elektronische Geräte und Pässe zurück. Als das Gepäck verstaut ist, findet die eigentliche Begrüßung statt. Die beiden Männer, die uns an der Zollstation in Empfang genommen haben, stellen sich als Herr Kang und Herr Lee vor. Sie werden sich um uns kümmern – als Führer, Begleiter, Bewacher, Ratgeber, je nach Situation und Standpunkt. In ihren schwarzen Anzügen sehen die jungen Männer aus wie Maturanden. Der Fahrer tritt neben sie. An den Jacken der Genossen prangt die Anstecknadel mit dem Bildnis des Führers, die jeder nordkoreanische Staatsbürger über dem Herzen zu tragen hat.

»Wir werden betreut wie VIPs«, sagt Yu-mi zufrieden. »Drei Personen, die sich um zwei Reisende sorgen, das lasse ich mir gefallen!«

Die Gegend ist hügelig, Herbstwälder wechseln sich mit Maisfeldern ab. Der Blick verfängt sich in einem Mischwald, der dem des Jura gleicht, Eichen, Buchen, Ahorn, Birken. Ein kleiner Pass mit einem kurzen Ausblick, in der Ferne ein helles Schimmern – das Meer? Dann eine schluchtartige Verengung, die Straße taucht ins Schattige ab.

»Hier.« Herr Kang tippt mir auf die Schulter, zeigt aus dem Fenster. »An dieser Stelle löste sich der Hang. Vor drei Jahren während eines heftigen Regens. Dreihundert Millimeter Wasser in der Stunde, stellen Sie sich das vor! Eine Sturzflut, drei Stunden ohne Unterbrechung. Damit haben wir in Nordkorea zu leben. Der Hang löste sich und rutschte in die Tiefe. Der Bach, den Sie da unten sehen, schwoll innerhalb kurzer Zeit an und wurde zu einem reißenden Fluss. Er hinterließ eine breite Schneise in der Landschaft. Unten war ein Dorf. Es wurde unter Massen von Erde und Wasser begraben.« Herr Kang verstummt.

Der Wald tritt zurück. Die Schlucht läuft in sanft geschwungene Bodenerhebungen aus.

»Sehen Sie die Häuser dort drüben?«

Auf einer Terrasse liegt eine Siedlung mit neuen Häusern, einstöckig und in Reihen gebaut.

»Das Unglück geschah im August. Unser Geliebter Führer gab die Anweisung, sofort mit dem Wiederaufbau zu beginnen, auch die Armee wurde eingesetzt. Es vergingen keine drei Monate, und das Dorf stand wieder. Im Oktober waren die Häuser bezugsbereit.« Er macht eine bedeutsame Pause.

»Wie lange dauert es in Europa, bis in einem solchen Fall der Wiederaufbau abgeschlossen ist? Wir schaffen in Nordkorea in gemeinsamer Arbeit das Unmögliche.«

Das nordkoreanische System ist dafür bekannt, dass es Projekte in ungewöhnlichem Tempo voranbringt. Eine hohe Anzahl Arbeitskräfte werden an einen Ort zusammengezogen und konzentriert eingesetzt, gerade auch wenn die nötigen technischen Hilfsmittel fehlen. Die Erwähnung des Führers in diesem Zusammenhang finde ich überflüssig. Später werde ich verstehen. Geschieht etwas auf oberste Anordnung, bedeutet dies, Wunder geschehen. Das nötige Material wird geliefert, die notwendigen Arbeitskräfte stehen zur Verfügung, das Vorhaben wird zügig in die Hand genommen und zu Ende geführt. Wehe aber dem Projekt, dem der Geliebte Führer seine Liebe nicht zuwendet. Es hat es schwer, voranzukommen, meist bleibt es unvollendet liegen.

Die Bergkette, hinter der die chinesische Grenze liegt, zieht sich zu unserer Rechten nach Süden wie das Rückgrat eines Reptils. Zu unserer Linken öffnet sich die Sicht aufs Meer, das die Koreaner seit je Ostmeer nennen. Den Namen »Japanisches Meer«, der sich international eingebürgert hat, setzten die Japaner während ihrer Besatzung durch – ein sprachliches Relikt kolonialer Herrschaft. Zwischen Meer und Bergen breitet sich eine Ebene aus, in der Reis angebaut wird. Mitten in ihr erhebt sich aus dem Dunst das Skelett einer Raffinerie. Rohre und Kamine stehen vor dem grauen Himmel, weder Rauch noch Gasfackeln sind zu sehen. Die Anlage macht einen verwahrlosten Eindruck.

Im Moment sei sie außer Betrieb, sagt Herr Kang auf unsere Frage. Sie sei auch schon vierzig Jahre alt.

»Was heißt im Moment?«

Genaueres kann, will, darf er uns nicht sagen. Ob sie repariert wird, aus Sicherheitsgründen geschlossen wurde, ob sie je wieder in Betrieb genommen werden soll, wisse er nicht. Er ist eigentlich nicht verschlossen, er redet gern, es ist angenehm, ihm zuzuhören. Doch sobald das Gespräch auf gewisse Themen kommt, gerät es ins Stocken oder wird umgelenkt. Es sind die Themen, die uns interessieren; sie hängen mit der Wirtschaft des Landes, seiner Geschichte, seinen Katastrophen zusammen.

»Man muss hier im Kaffeesatz lesen«, bemerke ich zu Yu-mi.

»Behalte einfach die Augen offen«, sagt sie. »Zu Hause findest du vielleicht heraus, was du jetzt nicht erfährst.«

Tatsächlich wird die Raffinerie-Ruine vor Rajin zu Hause etwas von ihrem Rätsel preisgeben. Aus Büchern und Internetseiten werde ich von einer politischen Katastrophe erfahren, die mit der Wucht und Geschwindigkeit einer Sturzflut über das Land hereinbrach.

Sie stammt aus den siebziger Jahren des 20. Jahrhunderts, einer Zeit, als Nordkorea ein wirtschaftlich aufstrebendes Land war. Nach dem Koreakrieg (1950–1953) waren von ihm nur noch Trümmer übrig geblieben; ein Zehntel seiner Einwohnerinnen und Einwohner war tot. In der letzten Kriegsphase hatten flächendeckende US-Luftangriffe die nordkoreanischen Städte, Industrieanlagen, Dämme, Brücken und Straßen praktisch vollständig zerstört, angeblich, um das Land für eine Friedenslösung gefügig zu machen. Es war eines der größten Massaker der Weltgeschichte. Bis zum Beginn der Waffenstillstandsverhandlungen seien neben den großen Infrastrukturanlagen wie Staudämmen 18 der 22 größten nordkoreanischen Städte zum großen Teil dem Erdboden gleichgemacht worden, lese ich im Internet. US-General William Dean, der ab Juli 1950 in nordkoreanischer Kriegsgefangenschaft gewesen war, erinnerte sich später an die nordkoreanischen Städte und Dörfer als »Ruinen oder verschneite, leere Flächen«. Fast jeder, der ihm begegnet sei, habe Angehörige im Bombenkrieg verloren.

Der Wiederaufbau begann sofort nach dem Waffenstillstandsabkommen vom 27. Juli 1953, den die UNO mit Nordkorea schloss. Unter Führung des charismatischen Kim Il-sung brachte die Bevölkerung das Land in einem beispiellosen Kraftakt so weit voran, dass alle ein Dach über dem Kopf und genügend zu essen hatten. Die nordkoreanische Wirtschaft wuchs stärker als die südkoreanische – 1960 kam der Staatshaushalt praktisch wieder ohne internationale Hilfe aus. Die Einbindung in die sozialistische Staatengemeinschaft führte zu einem regen Handelsverkehr, bei dem Nordkoreas Wirtschaft vom Export seiner reichen Bodenschätze profitierte. Im Gegenzug lieferte etwa die Sowjetunion billiges Erdöl, das in Raffinerien zu Treibstoff verarbeitet wurde. Die Entstehung der Raffinerie vor Rajin verdankt sich sowjetischer Bruderhilfe.

Dann kam 1989. Der Zusammenbruch des Ostblocks traf Nordkorea hart. China und die Sowjetunion, beide selbst in wirtschaftlicher Bedrängnis, kündigten bestehende Verträge und begannen Waren zu Weltmarktpreisen zu liefern. Der nordkoreanische Außenhandel ging dramatisch zurück; von 1990 bis 1998 brach er auf ein Drittel seines Werts ein (vgl. S. 73–84). Dem Land fehlten die Devisen, um Rohstoffe und Energie zu kaufen; die Wirtschaft war daran zu kollabieren. Im Zuge dieser Entwicklung dürfte die Raffinerie Anfang der neunziger Jahre ihre Tore geschlossen haben. Sie nahm bis auf ein kleines Zwischenspiel 1994, als vorübergehend amerikanisches Erdöl ins Land kam, ihre Produktion nicht wieder auf.

Das Hotelfenster in Rajin läßt sich nicht öffnen. Es ist mit einer getönten Folie überzogen. Ein nostalgisches Braun liegt über der leeren Kreuzung, der Brücke, die den Fluss überquert, über der Uferstraße. Ab und zu holpert ein alter Lastwagen vorbei. Personenwagen sind ein Ereignis, sie sind der Post, offiziellen Personen oder Ärzten vorbehalten.

Nähern sich der Kreuzung mehrere Wagen, kommt Bewegung in den blau uniformierten Verkehrspolizisten, der am Straßenrand vor einem Haus steht. Er marschiert in die Mitte auf sein betoniertes rundes Podest, strafft den Körper und beginnt mit ruckartigen Bewegungen die Leere zu dirigieren. Nach getaner Arbeit marschiert er in strengem Schritt an seinen Wartepunkt zurück.

Die beidseitigen Gehsteige sind dagegen belebt. Fußgänger, Leute mit Handwagen, Radfahrer müssen sich den Platz teilen, müssen mit ihren Rucksäcken, Taschen, Brettern, Säcken, den beladenen Rädern aneinander vorbeikommen und gleichzeitig die Spalten im Boden oder die aufstehenden Platten meiden. Oder den Pfützen dort, wo die Gehsteige aus Naturbelag bestehen, ausweichen. Die Straße gehört nicht ihnen, sie ist den nicht vorhandenen Autos vorbehalten. Vor der Kreuzung haben die Radfahrer anzuhalten, vom Rad zu steigen und den Fußgängerstreifen zu Fuß zu überqueren. Erst auf der anderen Straßenseite dürfen sie weiterfahren.

Verkehrsordnung in Absurdistan. Einigen wenigen Privilegierten sind die Straßen vorbehalten, während über neunzig Prozent der Menschen, die unterwegs sind, sich auf den Gehsteigen drängen. Die Benutzung des Fußgängerstreifens ist zwar Pflicht, schützt jedoch keineswegs vor den Autos, die uneingeschränkt Vortritt haben und die Fußgänger, die sich nicht rechtzeitig in Sicherheit bringen, mit ungedrosseltem Tempo hupend von den Zebrastreifen jagen.

Ich erzähle Herrn Lee, wie der Verkehr bei uns geregelt ist; dass die Zebrastreifen mit der Pflicht, sie zu benutzen, zugleich den Schutz vor dem Autoverkehr garantieren und dass die Fahrbahn auch von Radfahrern benutzt wird. Er schaut mich erstaunt an.

Die Sonderwirtschaftszone Rasŏn

Dunkle Wolkenschiffe jagen über den Himmel, das Meer wirft schiefergraue Wellen an die Küste. Lichtinseln breiten sich auf dem Wasser aus und verschwinden. Verankerte Fischerboote schwanken in der Bucht.

Der Strand ist leer. Ein wuchtiger Gebäudekomplex erinnert an einen der Hotelkästen, wie sie in den fünfziger Jahren an die südeuropäischen Mittelmeerstrände geklotzt wurden. Es ist ein Kasino.

»Seit achtzehn Jahren ist es in Betrieb und gehört einem Unternehmer aus Hongkong«, sagt Herr Kang auf meine erstaunte Frage mit unbewegter Miene. »Er wollte es ursprünglich auf die Insel Pipa dort drüben stellen. Aber«, sagt er mit leichtem Nachdruck, »das wurde ihm nicht erlaubt.«

»Von wem nicht erlaubt? Von der Partei?«

»Von der Provinzregierung.«

»Also doch von der Partei?«

»Eigentlich nicht. Von der Provinzregierung.«

Die Wege, die ein Projektverfahren in Nordkorea nimmt, sind schwer zu durchschauen. Die Mitglieder der Regierungen auf allen Ebenen sind zugleich Funktionäre der omnipräsenten Partei der Arbeit, deren Direktiven durch die Regierungen vermittelt und umgesetzt werden. Dass es zwischen der zentralen Parteileitung und den regionalen politischen Gremien zu Differenzen kommt, ist zu vermuten. An die Öffentlichkeit dringt davon nichts.

»Das Kasino spielt also einem privaten Financier aus Hongkong Geld in die Tasche? In der Demokratischen Volksrepublik Nordkorea?«

Herr Kang erklärt. Wir befinden uns in einer der Sonderwirtschaftszonen Nordkoreas, denen eine andere Wirtschaftsordnung zugrunde liegt als in den anderen Landesteilen. Die Zone von Rasŏn wurde 1991 eingerichtet. Sie ist die älteste und die einzige, die seit ihrer Einrichtung ohne Unterbrechung existiert.

Mehr sagt er nicht. Mehr weiß er vielleicht nicht. Mehr mitzuteilen hält er für unnötig. Yu-mi sucht, während ich mich der Aussicht über das Meer hingebe, in ihrer Gedächtnisdatei.

»Das Vorbild ist China«, sagt sie. »Wie der große Nachbar hat Nordkorea verschiedene Versuche gemacht, die Wirtschaft im Land in kapitalistischer Art voranzutreiben. Dazu war erforderlich, ausländischen Firmen den Zugang zu Bauland zu erleichtern. Die Sonderwirtschaftszonen liegen alle in Grenzregionen zu Südkorea und China.« Die Zone von Rasŏn verfüge über optimale Voraussetzungen. Die Stadt Rajin habe einen eisfreien Hafen, was sie für Russland interessant mache, und China eröffne sie einen Zugang zum Ostmeer. Die Region sei zudem reich an Bodenschätzen. »Dazu kommen attraktive Rahmenbedingungen für ausländische Inverstoren. Gewinne können außer Landes gebracht, die benötigten Investitionsgüter, Vorprodukte und Waren zollfrei ein- und ausgeführt werden. Vor allem China und auch Russland haben hier investiert. China hat die Autostraße zu der chinesischen Stadt Hunchun gebaut, auf der wir hergekommen sind. Russland half die Eisenbahnlinie zur Grenze auszubauen. Die Unternehmen haben sich zum Teil als unabhängige Firmen, zum Teil in Joint Ventures mit nordkoreanischen Unternehmen angesiedelt.«

Sie wendet sich an Herrn Kang: »Wenn ich richtig orientiert bin, stammen die Unternehmen dieser Gegend vorwiegend aus China?«

Herr Kang nickt. »Sie sind in den Bereichen Telekommunikation, Transport, Finanzwesen, Tourismus, Dienstleistungen und Fischerei tätig.« Ihn scheint der Einbruch kapitalistischer Verhältnisse in sein Land nicht zu stören. »Die Einrichtung der Sonderwirtschaftszone hat hier einen gewissen Wohlstand gebracht«, sagt er. »Die nordkoreanischen Arbeiter sind beliebt, sie sind billig, fleißig und gut ausgebildet.«

»Und abends trifft man sie im Kasino?«

»Das Kasino steht nur Ausländern offen.«

Die Zone von Rasŏn ist fast vollständig von China abhängig. Der Austausch mit China macht schon neunzig Prozent des gesamten nordkoreanischen Außenhandels aus, hier ist es noch mehr. Chinesische Firmen dürfen unbegrenzt eigenes Personal einführen. Die jungen Frauen, die wir bei der Einreise am Grenzübergang warten sahen, waren weibliche chinesische Arbeitskräfte, die in chinesischen Betrieben arbeiten. An Disziplin und Zuverlässigkeit mangelt es ihnen genauso wenig wie den nordkoreanischen. So stehen Arbeiterreservearmeen zu beiden Seiten der Grenze bereit. Auf den ersten Blick scheint Rasŏn die Träume jedes kapitalistischen Unternehmers zu erfüllen.

Vor der Abfahrt, als wir in Rajin Dollars in nordkoreanische Wŏn wechseln wollten, wurde uns bedeutet, das hier gebräuchliche Zahlungsmittel sei der chinesische Renminbi. Wir tragen jetzt die Währung eines wirtschaftlichen Kolonialisten mit uns. Die Golden Triangle Bank ist die einzige Bank Nordkoreas außerhalb von Pjöngjang, wo Ausländer Geld wechseln können. Wir hatten das imposante Halbrund einer mit Marmor ausgekleideten Eingangshalle betreten. Von den insgesamt zwanzig Schaltern waren drei bedient, Kunden hatte es nur wenige.

Das Gebäude war für eine boomende Wirtschaftszone gebaut worden, doch diese kam nie recht auf Touren. Rasŏn ist kein Erfolgsmodell geworden; Straßen- und Eisenbahnbau vermochten mit dem wirtschaftlichen Aufschwung nicht Schritt zu halten. Die Kommunikationsnetze sind nicht ausgebaut, die Randlage im äußersten Nordosten Nordkoreas ist wenig attraktiv. Auch dass der Staat eine vierzehnprozentige Gewinnsteuer einzieht und die regionale Verwaltung es sich vorbehält, bei der Entwicklung der Zone mitzuplanen, lässt ausländische Investoren zögern.

Abgesehen von den industriellen Produktionsstätten ist das Kasino mit seinen Marmorböden und Marmorsäulen, seinem imperialen Eingang, seiner Fensterfront zum Meer hin und dem Duty Free Shop für chinesische Touristen die einzige größere ausländische Investition in der Region geblieben. Eine zweite, ähnliche wurde von der Regionalverwaltung verhindert, weil der chinesische Eigentümer billiges Land kaufte und auf einen Anstieg der Grundstückspreise wartete. Solche kapitalistischen Machenschaften sind in Nordkorea verpönt – es sei denn, der Staat selbst wende sie an.

Ich genieße die Ruhe am kleinen Touristenhafen neben

dem Kasino. Zwei Ausflugsboote liegen an einem schmalen hölzernen Landungssteg. Ein Taucher sucht im seichten Wasser nach Seegurken. Sein Sauerstoffapparat steht am Ufer, daneben liegt eingerollt der lange Luftschlauch, der sich über die Erde ins Wasser ringelt und ohne Mundstück in seinem Mund endet. Der Mann hat sich mit einem Riemen ein Holzbrett auf den Rücken gebunden, das ihm Auftrieb gibt. Eine einfache Ausrüstung für die wertvolle Beute. Im Laden, der zum nahen Restaurant gehört, wird ein Kilo getrocknete Seegurken je nach Qualität zu einem Preis von bis zu hundert Dollar verkauft; ein Vermögen für hiesige Verhältnisse.

Wir sind unsicher, wie wir das, was wir sehen und erleben, einordnen sollen. Möchte man dem Strand anstelle des Fahrwegs aus Schotter eine Uferpromenade wünschen? Den Ausflugsbooten einen Landungssteg ohne verrostetes Geländer? Ein Mann kauert auf dem Steg und streicht die grüne Scheuerleiste eines der vertäuten Schiffe neu. Wäre seine Arbeit auf einem Tragflügelboot einfacher? Wenn Kim Jong-un seine Pläne verwirklicht, den Tourismus in Nordkorea stark auszubauen, wird diese Küste bald ausländischen Touristikunternehmen gehören und den gut erschlossenen Küsten in anderen Ländern gleichen. Für wen wird das gut sein?

Noch verschlägt es die wenigsten der gegen 10 000 Touristen aus dem Westen, die jährlich ins Land reisen, in diese Region. Die Infrastruktur dient vor allem den jährlich 50 000 Tagestouristen aus China, die das Kasino und das Umland besuchen und von den tiefen Preisen profitieren. Am Anfang kamen auch russische Gäste, doch inzwischen ist der Tourismus aus Russland zusammengebrochen; die Region bekommt neben den Wirtschaftssanktionen gegen Nordkorea auch diejenigen der USA und Europas gegen Russland zu spüren.

Die einzige Attraktion des Hafens bietet das fahrbereite Ausflugsboot aus Holz mit kleiner Kajüte, das einen vor eine nahe gelegene kleine Insel bringt. Wir gehen zusammen mit einem halben Dutzend chinesischer Ausflügler an Deck. Am Horizont über dem Meer ballen sich Wolken zu einem Gewitter zusammen, vor deren Dunkel die wild segelnden Möwen weiß aufblitzen wie Messer. Die Fischerboote, an denen wir vorbeifahren, sind von der Bordwand bis zur Kajüte voller Rost und sehen aus, als könnten sie jeden Augenblick auseinanderbrechen. Weil es kein Geld für neue Boote gibt, müssen sie mit allen Mitteln fahrtüchtig gehalten werden. Vor der Insel, einem Naturschutzgebiet, strecken Seehunde ihre Schnauzen aus dem Wasser, sonst ist auf der Fahrt nicht viel zu sehen. Das Boot kehrt im Bogen um, und wir gleiten wieder auf die Küste zu, gelbe Felder, hinter denen die mit grünem Buschwerk bewachsenen Hügel ansteigen, die das Hinterland vom Meer trennen.

Meer und Zivilisation bleiben in vorsichtiger Distanz. Korea, obwohl eine Halbinsel, war nie enthusiastisch zum Meer orientiert wie die mediterranen Länder. Vom Meer her fielen über Jahrhunderte fremde Völker und Piraten ein, von hier kamen Eroberer. Die Küste war unsicher. Während des Königreichs Chosŏn, das von Ende des 14. Jahrhunderts mehr als fünfhundert Jahre bestand, wurden keine Dörfer in Küstennähe angelegt. Auf die Bedrohung von außen antwortete Korea mit einer defensiven Strategie. Die heutige nordkoreanische Staatsidee der Abschottung hat tiefe Wurzeln.

Die zweite Erfahrung, die Korea im Verlauf der Geschichte machte, war die, keine vertrauenswürdigen Verbündeten zu haben. Fortwährend hatte man sich den Bestrebungen der Nachbarvölker zu erwehren, ihr Herrschaftsgebiet auf die koreanische Halbinsel auszudehnen. Während der von Mongolen gegründeten Yuan-Dynastie (1231–1368) versuchte der Yuan-Kaiser zweimal, das Koryŏ-Reich unter seine Kontrolle zu bringen, was letztlich nur für die Dauer eines Jahrzehnts gelang. Ende des 16. Jahrhunderts legte Japan das Land in Schutt und Asche, wurde aber nach einem achtjährigen Krieg zurückgeschlagen. Ein Jahrhundert später fielen die Mandschu ein, mussten sich jedoch damit zufriedengeben, von Korea nur als Hegemon im Norden anerkannt zu werden. Dass es keiner der Mächte gelang, Korea zu unterwerfen, führte bei den regierenden Eliten zu Selbstvertrauen, verbunden mit einer Politik der Zurückhaltung. Diese Strategie schloss rege Handelsbeziehungen mit ostasiatischen Staaten keineswegs aus. Sie wurde indes von den USA und den europäischen Seemächten, die sich im 19. Jahrhundert anschickten, an der südkoreanischen Küste Handelsniederlassungen zu gründen, als Abkapselung gegen außen gedeutet. Spätestens mit der Publikation des Buches *Corea, the Hermit Nation* von William Elliot Griffis 1882 setzte sich im Westen die Vorstellung von Korea als Einsiedlernation fest.

Unterstützung von außen wurde Korea auch während der japanischen Kolonialisierung in der ersten Hälfte des 20. Jahrhunderts kaum zuteil. Die koreanischen Widerstandskämpfer waren weitgehend auf sich gestellt; die junge Volksrepublik China griff in den Koreakrieg offiziell erst 1951 ein, als sie ihren Einfluss im Norden Koreas bedroht sah. Die Erkenntnis, sich nur selbst helfen zu können, prägte das Staatsverständnis Nordkoreas von Anfang an. Revolutionsführer Kim Il-sung lehnte sich wirtschaftlich und politisch zwar an den Ostblock an, steuerte aber einen von China und der UdSSR unabhängigen Kurs. Unmittelbar nach der Befreiung von der japanischen

Besetzung und noch einmal Mitte der fünfziger Jahre schloss er die prochinesischen und die prosowjetischen Fraktionen in den Führungsgremien aus der Partei der Arbeit Koreas aus und ließ ihre Mitglieder hinrichten. Seine Chuch'e-Ideologie, auf die noch zurückzukommen sein wird (ausgesprochen *dschudsche*), sah vor, das Land aus eigener Kraft zu entwickeln, es mit einer starken Armee kampfbereit zu halten und es hinter einer Führerpersönlichkeit zu vereinen. Von diesen Prinzipien ist die Demokratische Volksrepublik Korea seither nicht abgerückt.

Im hinteren Teil des Restaurants in Rajin ist für uns ein kleiner Saal reserviert, in dem ein gedeckter Tisch steht. Der Blick fällt im Vorbeigehen in die Küche und in andere Räume, teils leer, teils mit chinesischen Touristen besetzt. Die Gruppen speisen voneinander und von den nordkoreanischen Gästen getrennt. Kaum haben wir uns gesetzt, werden die ersten Schalen hingestellt, eine Pilzsuppe, Maisnudeln, Kimch'i, Fisch. Auf einmal wird es ruhig im Raum, der Fernseher ist ausgefallen. Erst da bemerken wir, dass er gelaufen ist. Wir starren auf den leeren Monitor. Kurz darauf fällt das Licht aus. Eine Strompanne. Die Kellnerinnen, drei junge Frauen, stellen die Schüsseln auf der Anrichte ab und kommen mit Kerzen und Öllampen herbei, die sie im abgedunkelten Raum auf dem Tisch, in Nischen und auf den Fenstersimsen verteilen. Die Beleuchtung hat so rasch und routiniert gewechselt, dass man meinen könnte, es handle sich um eine geplante Aktion zur Unterhaltung der Gäste. Die Panne wird als vollkommen selbstverständlich hingenommen, niemand hält sich darüber auf. Man bemerkt kaum, dass die Deckenbeleuchtung, die wieder aufgeflackert ist, aufs Neue ausfällt. Das elektrische Licht ist nichts mehr weiter als eine Untermalung des Kerzenscheins und der Öllampen.

Die Maisnudeln sind dünn und zart, sehr fein im Geschmack. Alle essen mit Appetit, nur der Fahrer rührt sie nicht an. Er hat die Schale weggestellt und bestellt Reis. Am Mittag Maisnudeln zu essen, sei für ihn nicht gut, sagt er. Hat er Verdauungsprobleme? Nein. Es habe nichts mit seinem Magen zu tun. Am Abend esse er Maisnudeln wie jedermann. Aber am Mittag ... er wolle das Schicksal nicht herausfordern. Wir schauen ihn erstaunt an.

Herr Kang reagiert als Erster, er wendet sich an uns. »Unser Genosse«, sagt er, »hat eben schlechte Erfahrungen gemacht. Er isst besser Reis.« Herr Lee nickt. Sein Nicken ist so bestimmt, dass sich weitere Fragen verbieten. Vermutlich wissen er und Herr Kang auch nicht mehr über das Geheimnis der Maisnudeln. Aber sie haben begriffen, dass der Fahrer ein Tabu mit sich herumträgt, das es zu respektieren gilt.

Wir werden gerade Zeugen davon, wie sie mit dem Einfall des Unsagbaren, das dem rationalen Verstand als Aberglaube erscheint, umgehen. Sie behandeln ihn wie einen Stromausfall, sie nehmen ihn zur Kenntnis und sprechen nicht darüber. Er wird in den Alltag integriert. Reis statt Maisnudeln. Der Fahrer gerät bei seinen Kollegen, die sich alle als Genosse anreden, nicht unter Verdacht. Er hätte die Schüssel auch stillschweigend übergehen können. Dass er das Tabu in unserer Gegenwart auf den Tisch gebracht hat, ist auch ein Vertrauensbeweis den Fremden gegenüber.

Von diesem Moment an ändert sich das Bild, das ich von den drei Männern habe. Sie sind nicht nur Reiseleiter, Aufpasser und Bewacher, sondern auch Teil eines Volkes, dessen spirituelle Wurzeln weiter zurückreichen als Konfuzianismus und Buddhismus, ja weiter zurück als die Idee von Korea – in eine Zeit, wo die Menschen ihre Geschicke von Naturgöttern und verstorbenen Seelen bestimmt wussten. Diese Wurzeln beeinflussen den Alltag noch immer; sie behalten, Kim hin, Partei her, ihre Wirksamkeit. Auch in der verbreiteten Praxis, sich die Zukunft lesen zu lassen, halten sich Spuren eines schamanischen Glaubens, ebenso in der Verehrung der Toten, die, wie wir von Geflüchteten wissen, in den Familien weitherum gepflegt wird.

Der zufällige Einblick in einen Winkel der koreanischen Seele, den die stehen gelassenen Maisnudeln erlaubt haben, ist für mich überraschender als für Yu-mi. Sie kennt Ähnliches aus ihrer südkoreanischen Heimat. Unversehens sitze ich mit vier Koreanern am Tisch, Vertretern eines Volks, dessen lange, wechselvolle Geschichte die bis jetzt siebzigjährige Trennung in zwei feindliche Staaten als Episode erscheinen lässt.

Die glücklichen Jahre

Auf einer Ausfallstraße erscheint auf einmal das Gesicht einer Frau neben mir. Es ist die überraschende Nähe, die mich auf sie aufmerksam macht.

Man hat den Straßenbelag aufgerissen, Stücke Asphalt liegen über eine Strecke von mehreren Hundert Metern neben- und übereinander. Sie liegen genauso da, wie die Baumaschine, die wir später am Rand stehen sehen, sie hinterlassen hat. Weder wurde der Verkehr umgeleitet, noch ist jemand daran, die Brocken aus dem Weg zu räumen. Manche sind, wohl durch vorbeifahrende Lastwagen, in den Untergrund gedrückt. Die Fußgänger müssen aufpassen, wohin sie treten. Die Radfahrer sind abgestiegen, machen Bogen, balancieren ihr Rad über den aufgebrochenen Belag. Der Fahrer fährt im Schritttempo, der Wagen schaukelt wie ein Boot bei Seegang. Wir überholen eine Frau in dunkler Hose und hellgrüner Jacke, die in der Mitte der Straße geht. In diesem Moment rutscht das Vorderrad an einem Teerbrocken ab, fast hätte der Kühler die Frau gestreift. Unvermittelt geht sie dicht an der Scheibe, uns trennen wenige Zentimeter.

Sie bemerkt mich nicht, macht einen Schritt zur Seite. Ihr Blick gilt dem unebenen Grund. Das Blätterdach der Bäume neben der Straße wirft unruhige Schatten auf ihre Gestalt. Sie geht aufrecht, obwohl sie eine schwere Tasche trägt. Das schwarze lange Haar hat sie hinten zu einem Knoten zusammengebunden, ihre Haut ist von der Sonne gegerbt. Gesichtszüge, die von einem harten Leben sprechen. Das Kinn ist halb versteckt im grauen Halstuch.

Wer sie sein mag? Wie lebt sie? Was hat sie erlebt? Ihr Vater könnte als Partisan gegen die japanischen Besatzer gekämpft haben, nicht weit von hier, im chinesischen Grenzgebiet, im Gebirge, dessen höchste Erhebung der Paektusan ist. Nach dem Krieg wollte er als überzeugter Kommunist in die Partei eintreten, wurde aber nicht aufgenommen, weil er eine Frau aus dem Süden geheiratet hatte. Eine, die vor den westlichen Alliierten mit ihrer Familie nach Norden geflohen und hier hängen geblieben war, eine Sozialistin. Und Katholikin vielleicht. Er liebte sie und nahm sie zur Frau, obwohl die Heirat mit einer Angehörigen der dritten Klasse, den »feindlich Gesinnten«, zu denen sie als Flüchtling aus dem Süden und erst recht als Katholikin zählte, untersagt war. Dass sie Christin war, verheimlichten die beiden, waren aber in beständiger Sorge, dass die Behörden es wüssten oder eines Tages erführen und sie deportieren könnten. Vielleicht wurde sie nur ihm zuliebe nicht behelligt, weil er Widerstandskämpfer gewesen war. Sie lebten so unauffällig wie möglich und stellten, wie alle, ihre Arbeitskraft für den Aufbau des Landes zur Verfügung, er im Stahlwerk, sie in einer staatlichen Kooperative. Er bemühte sich nicht weiter um die Aufnahme in die Partei. Vielleicht aus Enttäuschung darüber, dass Kim Il-sung die Klassengesellschaft, mit der er aufzuräumen versprochen hatte, umgehend wieder einführte. Der Oberste Führer etablierte nicht nur ein System der Ungleichheit und teilte das Volk in drei Klassen, sondern verfeinerte das System noch, indem er die jeweiligen Klassen in genau definierten Abstufungen weiter unterteilte. Und die Klassengrenzen galten wie im Feudalismus oder im Kastensystem Indiens als unantastbar.

Die Fahrt wird etwas ruhiger, wir haben die Baustelle hinter uns gelassen. Die Frau hatte in ihrer Konzentration auf die aufgerissene Straße eine Ruhe ausgestrahlt, die an Gleichgültigkeit grenzte. Als der Wagen sie fast umfuhr, verriet ihr Gesicht weder Empörung noch Angst. Schwer zu sagen, wie alt sie war. Mitte fünfzig, eine halbe Generation jünger als ich? Wenn ihr Vater als Partisan der obersten Klasse, der Kernklasse angehörte und trotz Verbots eine Frau aus der dritten Klasse geheiratet hatte, dann um den Preis seiner gesellschaftlichen Stellung. Mit Folgen, die weit in die Zukunft reichten. Die Zugehörigkeit zu einer niedrigeren Klasse, in die er als Nichtparteimitglied abrutschte, übertrug sich auf seine Nachkommen. Für die zwei Generationen, die auf ihn folgen, gibt es kein Entkommen aus der Herabsetzung, in die das System sie zwingt. In der Tochter lebt der Makel fort; sie gehört zu den Verlierern. Aber wer unter den Leuten im Dorf, in dem sie lebt, wer in den umliegenden Dörfern und Städten gehörte nicht dazu?

Ihre Jugend hatte unter einem günstigen Stern gestanden. Sie wurde in ein Land hineingeboren, das sich nach den Verheerungen des Koreakriegs in einer beispiellosen gemeinsamen Anstrengung des ganzen Volkes rasch erholte. Das sich aus den Trümmern erhob, welche die Bombardements der amerikanischen Luftwaffe und die Beschießung durch die vor der Küste liegenden Kriegsschiffe hinterließen. Der Führer und die Partei hatten sich das ehrgeizige Ziel gesetzt, allen rasch eine Unterkunft und genügend Nahrung zu verschaffen.

Sie wurde in ein Versprechen hineingeboren, das sich langsam zu erfüllen schien. Über drei Jahrzehnte weg ging es Stück für Stück seiner Verwirklichung entgegen. Die Arbeit war überaus hart, aber sie gab Anrecht auf eine Wohnung und Lebensmittelkarten. Die täglichen Rationen waren knapp, doch sie reichten zum Leben. Die medizinische Versorgung, der Besuch der Schulen waren unentgeltlich. Bald war das Land praktisch zu hundert Prozent alphabetisiert. 1970 war jedes Dorf an das Stromnetz angeschlossen.

Wer fragte nach Freiheit, wo es in dieser Weise um die Zukunft ging?

Der Anfangserfolg war unglaublich. Hatte die internationale Hilfe nach dem Waffenstillstand noch ein Drittel des nordkoreanischen Staatshaushalts ausgemacht, sank ihr Anteil schon 1960 auf weniger als drei Prozent. Das Land hatte eine der höchsten Wachstumsraten der Welt; sein Bruttosozialprodukt übertraf im selben Jahr dasjenige des südlichen Rivalen um mehr als das Dreifache. Die Landwirtschaft war kollektiviert, ein System von Bewässerungsanlagen und der Einsatz von Düngemitteln sorgten für gute Ernten. In einem Staat, dessen Boden sich nur zu knapp zwanzig Prozent als Anbaufläche eignet und dessen hartes Klima nur eine Ernte pro Jahr zulässt, war das überlebenswichtig.

Während ihr Vater als Partisan in den Bergen gegen die japanische Fremdherrschaft kämpfte, lag der meine am Rhein, rechne ich. Man fürchtete eine Invasion von Hitlers Armee. Unsere Familie lebte in einem kleinen Haus im Außenquartier einer Kleinstadt, meine Mutter pflanzte Kartoffeln und Gemüse, um die Familie zu ernähren. Auch ich wurde in ein Versprechen hineingeboren, das Versprechen von Frieden und Wohlstand. Mein Staat überlebte den Zweiten Weltkrieg unbeschadet, seine Institutionen, seine Infrastruktur und seine Industriebetriebe blieben intakt. Er funktionierte nach 1945 weiter wie vor dem europäischen Waffengang, den wir eurozentristisch Weltkrieg nennen. Ist nicht jeder Krieg ein Weltkrieg für den, der ihn erlebt?

Zur Zeit des Koreakriegs, der ihre Mutter in die Flucht trieb und ihren Vater in die Reihen der nordkoreanischen Armee holte, starb mein Vater. Die Familie musste von der damals minimalen Rente der Alters- und Hinterlassenenversicherung leben. Meine Mutter pflanzte weiterhin Kartoffeln und Gemüse an, das bewahrte die Familie vor Hunger. Das kleine persönliche Unglück, das uns betraf, hat mir die Augen für jene geöffnet, die von Armut betroffen sind. In den harten Zügen der Frau habe ich den täglichen Kampf um das Lebensnotwendige wiedererkannt. Ein jähes Erinnern ereilt mich beim Anblick dieses Gesichts – die gebeugten Rücken bei der Kartoffelernte, die aufgerissenen Hände bei der Beerensuche, die angespannten Körper, die den mit Brennholz vollgeladenen Leiterwagen zogen und vorwärtsschoben. Die Arbeit, die der täglichen Nahrung dient, ist mir vertraut. Vertraut sind mir auch die Hügelzüge in der Ferne. Oder ist es überhaupt die Anmut dieser Landschaft, die mich auf die Frau aufmerksam gemacht hat? Die staubigen Straßen, die unbesiedelte Weite, die in leichten Wellen vor uns sich erstreckenden Felder, gelb von Reis statt von Weizen. Es ist der Anblick meiner Heimat, wie er sich dem Heranwachsenden bot. Die Stille über dem Land, wo kaum Maschinen im Einsatz waren, die Landstraßen ohne Autoverkehr: ein Herübergrüßen vergangener Jugendtage. In einer Überblendung von Zeit ist diese Frau mit dem wachen Blick, den kräftigen Händen vor mir aufgetaucht.

Als sie, schätzungsweise Mitte der sechziger Jahre, geboren wurde, setzten Nordkoreas beste Jahre ein. Das Land stand in intensiven Wirtschaftsbeziehungen mit sozialistischen und kommunistischen Ländern, tauschte seine Bodenschätze gegen Lebensmittel, Düngemittel, Öl und Maschinen, holte Experten ins Land, welche die Infrastruktur ausbauen halfen. Kim Il-sung schwebte ein Land vor, das politisch autonom war, sich wirtschaftlich auf die eigenen Ressourcen verlassen und sich aus eigener Kraft verteidigen konnte. Er griff auf die Chuch'e-Idee zurück, die er in den fünfziger Jahren entwickelt hatte und zu Beginn der siebziger Jahre als offizielle Doktrin seiner Partei einführte. Mit Nordkoreas Chuch'e – Eigenständigkeit oder Autarkie – erteilte er dem Internationalismus eine Absage und setzte diesem eine betont nationalistische, auf seine Person bezogene Politik entgegen. Es gelang ihm, die Nachbarn China und die Sowjetunion so gegeneinander auszuspielen, dass ihr Interesse an der Entwicklung seines Landes nicht erlosch und ihre Hilfslieferungen weiterhin ankamen. Seine Zugehörigkeit zum kommunistischen Block beschränkte sich auf den wirtschaftlichen Austausch.

Hat sie je etwas über den Marxismus-Leninismus erfahren? Diese Theorie wurde in ihrem Land nie verbreitet, diskutiert oder unterrichtet. Als sie ungefähr zehn Jahre alt war, wurde die Chuch'e-Ideologie in Kimilsungismus umbenannt. 2012 erfand Kim Jong-un dafür das Begriffsmonster Kimilsungismus-Kimjongilismus; an ihrem Grundprinzip änderte sich nichts. Im Widerspruch zu Marx und Lenin, deren Schriften in den kommunistischen Ländern als theoretische Grundlage dienten, vereinigte der Kimilsungismus Ideologie und Nation in einer Person, die nicht hinterfragbar war und sich jeder politischen Kontrolle entzog. Die Chuch'e-Theorie wurde nie weiterentwickelt, nie den veränderten Realitäten der Gesellschaft angepasst, vielmehr wie eine Naturkonstante, die dem Eingriff der Menschen entzogen ist, im öffentlichen Bewusstsein verankert. Sie wurde zum Fetisch, wie Karl Marx sagen würde. Unablässig muss sie der Bevölkerung eingehämmert, als das beste aller Systeme propagiert werden – ein Volk, ein Führer, eine Zukunft. Spielraum für Interpretation oder eine abweichende Meinung gibt es nicht. Chuch'e, Eigenständigkeit, ist nicht als Ziel des Individuums definiert, sondern als Ziel des Volksganzen, dem sich der oder die Einzelne in allem, was er oder sie tut, denkt und will, bedingungslos unterzuordnen hat.

> Ohne Zweifel ist Nordkorea ein totalitärer Staat, denn in ihm ist alles, aber auch wirklich alles, von einer einzigen Idee aus geregelt und durchgeformt. Nordkorea stellt sich uns dar als die vollkommene Verwirklichung dessen, was wir kennen als die Utopie Platons vom perfekten Staat und jene vom Gottesstaat des Augustinus und die späteren Staatsutopien wie jene des Campanella.

Das ist das begeisterte Resümee Luise Rinsers nach ihrer zweiten Reise nach Nordkorea. Sie hat das Land zwischen 1980 und 1982 dreimal besucht und es in ihrem *Nordkoreanischen Reisetagebuch* ausführlich beschrieben, nachdem sie sich, immer in Begleitung, umgesehen, Landwirtschaftskollektive, Schulen, Pionierlager besucht, sich mit Funktionären, Künstlern, buddhistischen Mönchen unterhalten und Kim Il-sung zu persönlichen Unterredungen getroffen hatte. Obwohl Rinser mit vielen Fragen und durchaus auch Skepsis angereist war, schwärmte sie für Kim Il-sungs autoritären Staat. Man erinnert sich: In jungen Jahren hatte sie dem Nationalsozialismus und Adolf Hitler nahegestanden, dem Führer auch ein Gedicht gewidmet. Inzwischen hatte sie sich über Deutschland hinaus zu einer gesellschaftlichen Instanz für Demokratie, Abrüstung und Ökologie gemacht. Ihre weitgespannte Bestandsaufnahme zu Nordkorea führt vor Augen, was das Land von seiner Konzeption her war. Ihr Buch ist ein fortlaufendes Protokoll, entstanden unter dem unmittelbaren Eindruck der Begegnungen und Gespräche, das atemlos festhält, was nicht vergessen gehen durfte, und das zwischen dem, was sie von ihren nordkoreanischen Gewährsleuten hörte, und der Praxis, die sie beobachtete, hin und her wechselt.

> Kein anderes Land, zumindest der Dritten Welt, hat so viele positive Züge wie Nordkorea: keine Arbeitslosen, keine Wohnungsnot, keine Mafia, keine Korruption, keine Art von Armut, keine Drogensucht, keine nennenswerte Kriminalität, keinen Alkoholismus, kein Einsamkeits-Syndrom, keine Chaotik, keine Zerstörung ethischer und humaner Werte. [...]
> Nirgendwo im Land sehe ich Unrat und Abfall. Das Land gehört allen, und alle fühlen sich verantwortlich für seine Sauberkeit und Schönheit.

Rinser, die als kritische Intellektuelle die Entwicklung Westeuropas seit den fünfziger Jahren beobachtet hatte, blickt mit leichtem Neid auf ein Land, wo Bodenspekulation, Besitzdenken, Privatisierung des öffentlichen Sektors unbekannt sind.

> Freilich: hier in Nordkorea ists auch leicht, besitzlos zu leben, da der Staat für alles sorgt: für Alter und Invalidität (Rente), für Krankheitsfälle (Medikamente, Klinik, Operationen kostenlos), für die Schulbildung der Kinder (Schulwesen kostenlos), für alles, was einem Menschen schwere Sorgen machen kann.
> Arbeitslosigkeit gibt es auch nicht, Mieten sind spottbillig, die Preise für alles, was man zum Leben braucht, niedrig, seit 1953 gab es keine Preiserhöhungen. [...]
> Jeder Einwohner bekommt vom Staat eine monatliche Rente. Sie wird bestimmt nach dem Grad der Verantwortung, die einer hat. Aber die Unterschiede sind nicht groß. Es gibt keine Armut und es gibt keinen Reichtum. Es gibt auch keine Hütten der Armen und keine Luxusvillen der Reichen. Jeder hat ein Haus oder eine Wohnung. Weder die Wohnung noch das Haus gehört ihm. [...]
> Grundstücks- und Bauspekulation gibt es nicht, und niemand braucht Angst zu haben, aus der Wohnung geworfen zu werden, das gibt ruhige Sicherheit und Geborgenheit, wie denn alles auf diese Geborgenheit zielt.

Frühling in Nordkorea.

War dies das Land, in dem die Frau hinter der Autoscheibe lebte? Wie sie da mit ihrer Tasche und den ernsten Zügen neben mir ging, machte sie nicht den Eindruck einer Bewohnerin von Rinsers Paradies. Auch die stillgelegte Raffinerie, an der wir vorübergefahren waren, ließ nicht auf eine blühende Wirtschaft schließen. Das Bild, das Luise Rinser von Nordkorea zeichnet, ist deshalb so interessant, weil es einen Gesellschaftsentwurf festhält, den zu verwirklichen sich Führer, Partei und Volk anschickten und der in Ansätzen gewiss auch realisiert wurde. Für mich kann der Entwurf als Folie dienen, die hinter dem aktuellen Zustand von Nordkorea aufscheint, als Maßstab dessen, was seither verloren ging. Wie aber ging es verloren? Wann in der Geschichte des Landes ging es mit dem Paradies zu Ende?

Auf dem Markt

Rajin ist mit seinen rund 70 000 Einwohnern die größte Stadt in dem als »Goldenes Dreieck« benannten Grenzgebiet von Nordkorea, China und Russland. 1991 wurde hier die Verwaltungseinheit Rajin-Sŏnbong geschaffen, deren Name später zu Rasŏn verkürzt wurde. Unser Kleinbus hält vor einem zweistöckigen gemauerten Gebäude. Das sei die neue Markthalle, erklärt Herr Kang. 2015 sei sie erweitert worden. Wir hätten Glück, denn sie sei die einzige Markthalle außerhalb von Pjöngjang, zu der auch Touristen Zutritt hätten. Fotografieren sei im Innern nicht gestattet.

»Ich dachte, Märkte dieser Art seien in Nordkorea verboten?«, sage ich zu Yu-mi, als wir auf den Eingang zugehen. Herr Kang geht voraus. Herr Lee macht den Schluss.

Ich hatte gelesen, dass freie Märkte in der Zeit, als Kim Il-sung daran ging, einen sozialistischen Staat nach dem Vorbild von China und der Sowjetunion aufzubauen, im Land unterbunden wurden. Wer Handel trieb, gleich mit welchen Waren, kam unter den Verdacht der persönlichen Bereicherung und wurde hart bestraft. Der Staat sollte der Garant der Befriedigung aller Grundbedürfnisse sein; kein alternatives Wirtschaftssystem neben ihm wurde geduldet. Die allermeisten

Leute arbeiteten in einem staatlichen Betrieb und erhielten Lebensmittelkarten für sich und ihre Familie. Zweimal im Jahr wurden neue Kleider und Schuhe ausgegeben. Man hatte kaum Bargeld, brauchte auch keines, da neben Schule und medizinischer Versorgung auch Wohnen nichts kostete.

»Wie heisst es in Lessings *Nathan*?«, sagt Yu-mi, »›Das ging nun so, solang es ging.‹« Sie hält mir die Tür. Ihre Augen sind halb geschlossen; vielleicht bereitet sie sich auf das gedämpfte Licht im Innenraum vor. Oder sie denkt nach. »In Nordkorea«, fährt sie weiter und lässt mir den Vortritt, »ging es bis Ende der achtziger Jahre gut. Zu dieser Zeit gab es deutliche Ermüdungserscheinungen. Die Bevölkerung stand seit vier Jahrzehnten unter andauernden Mobilisierungs- und Motivierungskampagnen und hatte ihr Letztes gegeben. Gleichzeitig litten die landwirtschaftlich genutzten Flächen unter fortgesetzter Überdüngung. Außerdem vermochte der nordkoreanische Staat mit der weltweiten technologischen Entwicklung einfach nicht Schritt zu halten, musste Produktionsgüter aus dem Westen kaufen und häufte Schulden an. Er konnte dennoch nicht verhindern, dass die Nahrungsmittel knapp wurden.«

Die Markthalle, in die wir eintreten, ist riesig. Eine Galerie auf etwa acht Metern Höhe, zu der im hinteren Teil eine Treppe führt, läuft ringsum. Der Raum ist von langen parallelen Tischen durchzogen, an denen Frauen vor den ausgelegten Waren sitzen oder stehen, eng nebeneinander. Es sind ausschließlich Frauen. In ihrem Rücken stapeln sich auf Gestellen die Waren. Jede hat einen kleinen Abschnitt der Tischfläche vor sich, auf der Stoffe, Kleider und Schuhe liegen, im hinteren Teil der Halle Haushaltartikel, Werkzeuge und elektrische Geräte. Sie tragen Schürzen, deren Farbe von Abteilung zu

Abteilung wechselt. Das Angebot ist so vielfältig wie auf dem chinesischen Markt, den wir jenseits der Grenze in Yanji besucht haben, die Stimmung geschäftig. Dennoch ist der Markt ist kein geselliger Treffpunkt, wo man sich die Zeit vertreibt, sowenig, wie Straßen und öffentliche Plätze hier Orte der Begegnung sind. Man bleibt vor einem Stand stehen, begutachtet die Waren, geht weiter. Bei den Stoffen, die wir befühlen, handelt es sich vor allem um synthetische Ware.

»Stammen die Stoffe aus Nordkorea?« Yu-mi hat sich auf Koreanisch an eine der Verkäuferinnen gewandt.

Diese schüttelt den Kopf, ihre Waren stammten aus China, sagt sie. Sie antwortet nicht unfreundlich, aber ohne eine Regung zu zeigen. Ein ungewohnt angenehmes Gefühl, dass man hier nicht dauernd angesprochen, auf die besondere Qualität dieser oder jener Waren hingewiesen, zum Kauf gedrängt wird. Auf Fragen hin schlagen die Frauen hier einen Stoffballen auf, nehmen dort ein Kleid vom Bügel; die Bewegungen sind routiniert. Sie feilschen nicht, verhandeln nicht; sie verwalten auf ruhige Art ihr Minireich, schwatzen nur untereinander. Ihre Hauptbeschäftigung ist Warten.

Wir gehen die Treppe am Rand der Halle hoch. Auf der Galerie sehen wir Auslagen mit landwirtschaftlichen Produkten. Kartoffeln, Salat, verschiedene Gemüse und Obst, wie wir es von unseren Märkten gewohnt sind. »Wird auch das frische Gemüse aus China importiert?«, frage ich.

»Der größte Teil stammt aus Nordkorea«, sagt Herr Lee. »Angebaut von einheimischen Bauern.«

Neben mir nimmt Yu-mi einen großblättrigen Grünkohl in die Hand, aus dem, zusammen mit anderen fermentierten Zutaten das koreanische Nationalgericht Kimch'i hergestellt wird. Sie nickt anerkennend.

»Um auf deine Frage zurückzukommen«, sagt sie unvermittelt, »den Anfang machten die Bauernmärkte. Kim Il-sung merkte, dass es eine Entlastung der angespannten Lebensmittelversorgung bedeutete, wenn man kleine improvisierte Märkte zuließ, auf denen Bauern Gemüse anboten, das sie in ihren Gärten zogen, und verkauften oder gegen Waren eintauschten. In der Folge wurden Bauernmärkte auf dem Land geduldet.«

»Eine Urform der Marktwirtschaft?«

Sie legt den Kohlkopf zurück, nickt. »Es war eine kluge Entscheidung. Und eine mit Folgen, deren Tragweite niemand absehen konnte. Als nach der Auflösung des Ostblocks 1989 die Importe aus China und der Sowjetunion nur noch gegen Devisen zu haben waren, brach die nordkoreanische Wirtschaft wie ein Kartenhaus zusammen. Der Staat konnte den Verpflichtungen seinem Volk gegenüber nicht mehr nachkommen. Seine Lebensmittellieferungen an die Bevölkerung wurden knapper, schließlich fielen sie ganz aus. Fabriken schlossen ihre Tore, die Arbeiter waren auf sich selbst gestellt. Wer eine Arbeit hatte, bekam nur unregelmäßig oder überhaupt keinen Lohn. Die Situation lief aus dem Ruder. Der Arbeitgeber fiel aus, der Brotherr fiel aus, der Lohnzahler fiel aus, die Instanz, die den Rahmen setzte, fiel aus.«

»Das heißt, der Staat scheiterte gleichsam an sich selbst«, werfe ich ein. »An seinen eigenen Ansprüchen.«

»Scheitern? Das ist das falsche Wort. Viel zu harmlos. Es klingt so, als habe der Staat sich hohe Ziel gesteckt und sie dann nicht erreicht. Tatsächlich gebärdete er sich auf eine Weise, wie nur ein übler Privatkapitalist es tut. Er überließ seine Leute einfach ihrem Schicksal. Die Leute waren gewohnt, von ihm alles zu bekommen, jedenfalls dann, wenn sie sich unauffällig verhielten und diszipliniert arbeiteten – das war, wenn du so willst, der ungeschriebene Pakt zwischen Staat und Volk. Nun wurde dieser vom Staat, der ihn der Bevölkerung aufgezwungen hatte, einseitig gebrochen. Die Leute standen da ohne Geld, ohne Rente, ohne jede soziale Absicherung. Ohne Nahrung. Auch ohne Dank und Anerkennung. Mit dem Verbot, Handel zu treiben, stürzte der Staat die Bevölkerung in Ratlosigkeit und Ungewissheit.«

»Und in Not, Hunger und Elend.«

»Den Leuten blieb nichts anderes übrig, als sich selbst zu helfen. Das Einzige, was funktionierte, waren die Bauernmärkte. Da niemand viel Geld hatte, begann man mit dem zu handeln, was man hatte. In ihrer Verzweiflung sammelten die Leute Holz, Beeren, Kräuter. Sie versuchten an Lebensmittel zu kommen; die Frauen verarbeiteten sie zu billigen Mehlmischungen oder Fertiggerichten wie Reiskuchen und Maisfladen und boten diese dann zum Verkauf oder zum Tausch an.«

Wir gehen langsam den Auslagen entlang. Säcke mit Reis und Maiskörnern stehen auf dem Boden, dahinter Frauen mit bäurischem Aussehen, hager, eher kleinwüchsig, herbe, stolze Gesichter.

»Das war also die Geburtsstunde dessen, was wir hier sehen«, sage ich.

»Bis hierhin war es ein weiter Weg«, antwortet Yu-mi. »Unter normalen Umständen hätte der Staat mit harter Hand gegen die Ansätze von Marktwirtschaft durchgegriffen. Aber die Situation wurde schlimmer. 1994 starb Kim Il-sung. Wie in einer Erbmonarchie hatte er seinen Sohn Kim Jong-il zum Nachfolger bestimmt. 1993 war Kim Jong-il zum Vorsitzenden der Nationalen Verteidigungskommission gewählt worden.

Damit übte er de facto das höchste Amt im Staat aus. Die Machtübergabe verlief nach außen reibungslos und wie geplant. Dennoch lässt, was im Land dann geschah, den Eindruck aufkommen, es habe hinter den Kulissen heftige Auseinandersetzungen gegeben. Die ersten drei Jahre ließ sich der neue Machthaber in der Öffentlichkeit nicht blicken.«

»Wie bitte?«

»Auch seine Stimme war nie im Rundfunk zu hören, übrigens auch später nicht. Wären nicht einige schriftliche Reden von ihm in Umlauf gekommen, man hätte meinen können, er sei gar nicht vorhanden. Erst 1997, drei Jahre nach dem Ableben Kim Il-sungs, wurde er zum Generalsekretär der Partei der Arbeit Koreas gewählt. Offiziell wurde die lange Periode seines Nichtvorhandenseins als Zeit der Trauer um seinen Vater erklärt, wie sie in der koreanischen Gesellschaft oft eingehalten wird. Das ist bei einem Herrscher selbst für koreanische Verhältnisse eine recht lange Zeit, findest du nicht? Vor allem, weil im Land zu der Zeit einiges los war.«

»Ein Aufstand? Du schilderst Zustände, die in der Weltgeschichte in der Regel zu einer Revolution führten.«

»Nicht in einem Land mit diesem Repressionsapparat. Nicht in einem Land mit dieser allumfassenden Kontrolle. Wenn nichts mehr funktionierte, so funktionierten doch die Armee und das Spitzelwesen. Aufstände, zu denen es da und dort kam, wurden von der Armee mit größter Brutalität niedergeschlagen. Es weist alles darauf hin, dass der innere Machtkampf in der Spitze zugunsten der Armee ausging, denn an seinem Ende stand eine neue Doktrin, die Militär-zuerst-Politik. Sie besagt, dass Militär und Verteidigung im Staat absoluten Vorrang haben. Diese Sŏn'gun-Idee geht auf Kim Il-sung zurück, der sie in den dreißiger Jahren als Strategie im antijapanischen nationalen Befreiungskampf entwickelt hatte; *sŏn* bedeutet zuerst oder heilig, *gun* Militär. Ab 1997 taucht die Formulierung in Publikationen und Reden Kim Jong-ils auf. Sie wurde der bisherigen Chuch'e-Idee gleichgestellt. Mit der Sŏn'gun-Politik vollzog sich eine Wende in der Strategie des Landes. Überspitzt könnte man sagen, dass nicht mehr die Wohlfahrt für alle, sondern eine starke Armee als Rückgrat des Staates angesehen wurde. 2009 wurde die Militär-zuerst-Politik in der Verfassung verankert.«

»Wurde also eine Revolution durch noch mehr Repression verhindert?«

»Eigentlich nicht. Das hängt damit zusammen, dass 1994 ein neuer Akteur auf den Plan trat, der das Volk disziplinierte – radikaler noch, als es Armee und Partei je getan hatten.«

Ich sehe Yu-mi überrascht an. »Wer soll das denn sein?«

»Es war, als hätte sich alles gegen das nordkoreanische Volk verschworen. Erst kollabierte der Handel mit den sozialistischen Ländern, mittendrin starb der Führer, der Inbegriff von Stabilität und staatlicher Fürsorge – und dann brachen drei Jahre in Folge schwerste Naturkatastrophen über das Land herein. Stürme mit Hagelschlag, heftige Regenfälle und Dürreperioden vernichteten einen Großteil der Ernten.« Sie macht eine Pause.

»Der neue Machtfaktor war der Hunger. Er brachte nicht nur eine Steigerung des Leids, er brachte auch einen Paradigmenwechsel im Land. Es kam zu keinem Wechsel des politischen Systems, sondern zu einem der Mentalität. Die Leute, vor allem die auf dem Land, machten die Erfahrung, dass sie von Partei und Regierung nichts zu erwarten hatten, dass sie auf sich gestellt waren und nur überleben konnten, wenn sie das Schicksal selbst in die Hand nahmen. Hatte der Staat bis dahin für das Lebensnotwendige gesorgt, musste das nun jede Familie für sich tun. Vom Staat blieb nur die entkernte Herrschaftsstruktur; die sozialistische Idee war aus ihm verschwunden.«

Mich zieht es zu einem langen Tisch an der Wand. Dort liegen nebeneinander große Haufen Tabak. Ich befühle die verschiedenen Sorten und entscheide mich für die hellste, die am feinsten geschnittene. Zu Hause wird sich der Tabak als zu grob herausstellen, und sein Aroma wird nur wegen seiner speziellen Herkunft ein besonderes sein. Ich zahle in chinesischer Währung. Jedermann bezahlt auf diesem Markt mit chinesischen Yuan, der nordkoreanische Wŏn ist hier so gut wie inexistent. Immerhin bin ich nun im Besitz von getrockneten Blättern, die in Nordkorea gewachsen sind.

Yu-mi ist an einem Früchtestand stehen geblieben. Sie kauft bei der Bäuerin Trauben und Birnen, die herrlich duften und später auch so schmecken.

»Einmal abgesehen von Tabak und Lebensmitteln«, frage ich Herrn Lee, »gibt es denn keine einheimischen Fabrikate zu kaufen?«

Er berät sich leise mit Herrn Kang, dann winken sie uns und führen uns wieder treppab, gehen durch die Reihen der Stände und bleiben vor einer Auslage mit Papierwaren stehen. Wir sind entzückt: Schreibhefte »made in the Democratic People's Republic of Korea« liegen hier auf, rot eingebunden, kariert. Dass wir sofort zugreifen, scheint die beiden zu erstaunen. Als ich zu Herrn Lee bemerke, das Angebot mache insgesamt den Eindruck eines massiven chinesischen Warenkolonialismus, nickt er, und ich meine in seinem Gesicht echte, wenn auch zurückhaltende Zustimmung zu lesen.

Nordkoreas Marsch weg vom Sozialismus

Die Tragödie, die Mitte der neunziger Jahre die Demokratische Volksrepublik Korea DVRK heimsuchte, ist bisher weitgehend unerforscht. Es gibt davon keine umfassende Darstellung. Die dazu nötigen Grundlagen – etwa amtliche Quellen, Bevölkerungsstatistiken, Zivilstandsregister – fehlen oder sind nicht zugänglich. Wenn das Regime generell nur zögerlich Daten über den Zustand des Staates preisgibt, gilt dies erst recht für eine Zeit, in der ihm die Kontrolle über die Lebensmittelzuteilung, die Energienutzung, den Unterhalt der Agrarflächen entglitt. Niemand weiß, wie viele Leute während der Zeit der großen Hungersnot gestorben sind; Schätzungen gehen von 500 000 bis zwei, drei Millionen Menschen aus. Allein die Divergenz dieser unfassbaren Zahlen weist auf die dramatischen Zustände von damals hin. Auch die Friedhöfe erlauben keine Rückschlüsse. Da sie die Toten nicht mehr fassen konnten, wurden am Rand der Siedlungsgebiete Massengräber ausgehoben, in denen eine unbekannte Anzahl Verhungerter liegen. Wer sich ein Bild machen will, ist auf rudimentäre Wirtschaftsdaten, Berichte von Hilfsorganisationen, Aussagen von Geflohenen angewiesen. Man hat es mit Puzzleteilen zu tun, die kein Ganzes ergeben, Zusammenhänge allenfalls erahnen lassen.

Auf unserer Reise erhalten wir keine Auskünfte über diese Zeit. Herr Kang schweigt darüber, und von Herrn Lee ist in einem der kurzen persönlichen Momente nicht mehr zu erfahren, als dass er mit neun Jahren die Überschwemmungen und die Hungersnot miterlebt habe. Meiner Neugier entzieht er sich, indem er von etwas anderem zu sprechen beginnt.

Die Fragen, die mich beschäftigen, zielen indes auf einen größeren Kontext. Sie betreffen den Wandel, der sich, beginnend mit den ausgehenden achtziger Jahren des letzten Jahrhunderts, im Schoß der sozialistischen Ordnung vollzogen haben muss. Wie kam es, dass ein Staat, der sich von der Arbeitszuteilung bis zur Bekleidung um alles und jedes im Land kümmerte, auf einmal nicht mehr in der Lage war, auch nur die elementarsten Bedürfnisse seiner Bürgerinnen und Bürger zu befriedigen? Wie kam es, dass er seine Ideale, die ihn zur sozialistischen Vorzeigerepublik gemacht hatten, mehr und mehr aufgab, bis von ihnen nichts mehr übrig war? Wie wurde er – so das Fazit einer ZDF-Dokumentation von 2020 – zu einem staatskapitalistischen Großunternehmen, in dem »ein kühl kalkulierender Geschäftsmann sein Land wie eine Firma führt«? Wie gelang ihm das Kunststück, seine Wirtschaftsordnung vollkommen umzukrempeln, ohne dass seine Führungsstrukturen, ohne dass das Selbstverständnis von Partei und Führung davon im mindestens berührt zu sein schienen?

Nach meiner Rückkehr versuche ich etwas Licht in die schwer durchschaubaren Vorgänge zu bringen, die Nordkoreas Wirtschaftsleben in den letzten dreißig Jahren veränderten. Behilflich sind dabei eine Handvoll Bücher, die durch ihre kenntnisreichen Ausführungen auffallen und deren Sachkompetenz zu trauen ist. Vor allem drei Werke erweisen sich für die fragliche Periode als aufschlussreich. Hazel Smith verarbeitet in ihrer akribischen Recherche *North Korea. Markets and Military Rule*, eine Vielzahl beglaubigter Daten über Nordkoreas Wirtschaft, Politik und Sozialwesen. Sie bringt die ihr vorliegenden wissenschaftlichen Einzeluntersuchungen, Berichte von internationalen Organisationen und nordkoreanischen Verlautbarungen in eine bündige Übersicht. Schwerpunkt bilden die Anfänge der Militär-zuerst-Politik und deren desaströse Folgen für die nordkoreanische Gesellschaft. Ausgangspunkt von Barbara Demicks *Im Land des Flüsterns*, dem zweiten Werk, sind Gespräche mit Betroffenen. Die amerikanische Journalistin konzentrierte sich bei ihrer Recherche auf die Stadt Ch'ŏngjin und ihr Umland – eine Gegend, die Yu-mi und ich bereist haben. Sie hat mit zahlreichen Menschen gesprochen, welche die Zeit der Hungersnot erlebt hatten und denen später die Flucht aus Nordkorea gelang. Die Einzelgeschichten hat Demick zu einer Erzählung verdichtet und mit Hintergrundinformationen über die nordkoreanische Sozial- und Wirtschaftsgeschichte verwoben. Ihr verdanken wir den Einblick in das tägliche Leben in einer der schrecklichsten Zeiten, die das Land je durchgestanden hat. Der Reiseführer *Nordkorea* von Arno Maierbrugger, das dritte Werk, liefert in seinem allgemeinen Teil eine Übersicht über die gesellschaftlichen und politischen Probleme des Landes und fasst historische Abläufe mit einem Blick für das Wesentliche auf kleinem Raum zusammen.

Nordkoreas Wandel, das wird bei der Lektüre immer klarer,

ging mit einer Reihe von Krisen einher – selbst verschuldeten und solchen, deren Ursachen außerhalb der Entscheidungskompetenz der Regierung lagen, durch diese aber hätten bewältigt werden können. Die erste Krise reichte in die Zeit der ausgehenden achtziger und beginnenden neunziger Jahre zurück. Sie war hausgemacht und hatte ihren Grund darin, dass die Partei versuchte, alle Vorgänge im Land unter strikter Kontrolle zu halten. Statt für technische oder strategische Fragen Fachleute zuzuziehen, bestimmte sie von oben, wie zu produzieren, zu bauen und anzupflanzen war. Sachfremde Vorgaben führten zu folgenschweren Fehlentscheiden und brachten, wie Arno Maierbrugger schreibt, die bis anhin florierenden Bereiche der Landwirtschaft und der industriellen Produktion aus dem Gleichgewicht.

> Überdichte Pflanzung von Reis, massiver Einsatz von Kunstdünger, Rodungen, Abholzungen und Terrassierungen, Monokultur und Überbetonung bestimmter Getreidesorten haben zu einem massiven Ungleichgewicht in der Landwirtschaft geführt. Desgleichen wurden Fabriken unangemessen konstruiert und zu groß angelegt, sodass Versorgungsengpässe gleich zu ernsthaften und folgenschweren Lieferausfällen führten. Wo wiederum zu viel produziert wurde, fehlte es an Infrastruktur, Transportmitteln und Logistik für die Verteilung.

Die auftretenden Probleme wurden weitgehend verschwiegen oder vertuscht, sodass ihre Tragweite nicht offen zutage trat. Barbara Demick schreibt:

> Die Aufseher in den Fabriken und in der Landwirtschaft fälschten regelmäßig ihre Produktionsstatistiken, weil sie Angst hatten, ihren Vorgesetzten die Wahrheit zu sagen. Lügen türmten sich auf Lügen, und so ging es bis hinauf in die Führungsriege.

Die zweite Krise ging zeitlich mit der ersten einher. Sie stand im Zusammenhang mit dem Zerfall des Ostblocks mit seinem weltweiten System gegenseitiger Hilfe, seinem Geflecht aus Handelsbeziehungen und Tauschgeschäften. Ich muss an die stillgelegte Raffinerie bei Rajin denken. Der Anblick ihrer verlassenen Werkgebäude hatte uns eine Ahnung davon vermittelt, welch einschneidende Auswirkungen der Zerfall in den Jahren nach 1989 hatte. Die nordkoreanische Volkswirtschaft war seit dem Bestehen der Volksrepublik auf günstige Lieferungen von Rohöl, Maschinen und ihren Ersatzteilen, Baumaterialien und Lebensmittel aus China und der UdSSR angewiesen. Ebenso auf Finanzhilfen, die regelmäßig flossen. Nun blieben diese auf einmal aus. Die kollabierende Sowjetunion stellte die Zahlungen nicht nur ein, sondern fing damit an, Rückzahlungen früherer Kredite einzufordern. Dieser unerwarteten Situation war Nordkorea nicht gewachsen. Auch Peking änderte sein Geschäftsgebaren radikal. Die Volksrepublik China, selbst auf Getreideimporte angewiesen, verlangte ab 1993 direkte Bezahlung aller Importe zu internationalen Preisen. »Bis dahin«, bemerkt Barbara Demick, »hatte China drei Viertel der Energie- und zwei Drittel der Lebensmittelimporte geliefert.« Nordkorea sah sich von 1991 an immer weniger imstande, die benötigten Lebensmittel zu kaufen und die Versorgung der Bevölkerung mit Grundnahrungsmitteln sicherzustellen. Auch Rohstoffe und Energie begannen auszugehen. Die industrielle Produktion ging stark zurück. Das führte dazu, dass kaum mehr Waren exportiert wurden, »was wiederum zur Folge hatte, dass keine Devisen ins Land kamen, ohne die noch weniger Brennstoffe importiert und kein Strom mehr produziert werden konnte«.

Als sei es damit nicht genug, suchten Nordkorea 1994 bis 1996 in dichtem Wechsel Überflutungen und Dürren heim. Das war die dritte Krise. Sie traf die geschwächte Volkswirtschaft mit aller Härte. 1994 war der Sommer sehr heiß, der Winter darauf ungewöhnlich kalt (mit Temperaturen in den Bergen bis minus 37 Grad). Im folgenden Sommer schwemmten sintflutartige Regenfälle den fruchtbaren Boden an vielen Orten weg. Nordkorea war auf die Verheerungen denkbar schlecht vorbereitet, obwohl eine wilde, unberechenbare Natur dem Land seit je zusetzt. Es fehlten weitgehend Flusskorrekturen und Verbauungen gegen das Wegspülen des Grunds. Und weil Getreidevorräte in Stollen eingelagert waren, die vom Regen geflutet wurden, gingen tonnenweise Nahrungsmittel verloren. »Über fünf Millionen Menschen waren von den Überschwemmungen betroffen«, schreibt Barbara Demick. »Fast 100 000 Häuser waren zerstört worden, und eine halbe Million Menschen musste evakuiert werden. Der Ernteausfall belief sich auf fast zwei Millionen Tonnen.« Das bedeutete für das Jahr 1995 einen Rückgang der Getreideproduktion um dreißig Prozent.

Die Produktion in der Schwerindustrie und im Bausektor brach ein. Bis 1996 waren siebzig Prozent der in diesen Bereichen Tätigen arbeitslos – in einem Land, das nie Arbeitslosigkeit gekannt hatte. Das Prokopfeinkommen fiel zwischen 1992 und 1996 drastisch, von 1005 auf 481 US-Dollar, wie das Entwicklungsprogramm der Vereinten Nationen berechnete.

»Entsprechend brach der Außenhandelsumsatz Nordkoreas ein, von circa 4,2 Milliarden US-Dollar im Jahr 1990 auf wenig mehr als 2,5 Milliarden im Jahre 1991. Der Tiefpunkt wurde 1998 mit 1,4 Milliarden US-Dollar erreicht«, schreibt Arno Maierbrugger.

Die Menschen in der Demokratischen Volksrepublik Korea waren an Entbehrungen und Mangel gewöhnt, aber nicht daran, alleingelassen und ohne Unterstützung zu sein. Der Staat hatte bis anhin für das Lebensnotwendige und für Arbeitsstellen gesorgt, auch hatte er die entsprechende Infrastruktur bereitgestellt. Mehr und mehr fiel nun das landesweite Versorgungssystem aus. In gewissen Berufen, etwa bei den Lehrern, blieben die staatlichen Lohnzahlungen ganz aus. Der Alltag der Leute, vor allem in der Provinz, wurde zunehmend schwierig. Der elektrische Strom floss nur noch für wenige Stunden an einigen Abenden der Woche, und da die Wasserpumpen im Haus elektrisch betrieben wurden, verfügten die Haushalte nur zeitweise über fließendes Wasser. Güter des täglichen Bedarfs, Medikamente, Papier, Schulbücher wurden knapp. Mütter, die ihre Kinder fördern wollten, schrieben die Schulbücher von Hand ab.

Barbara Demick, deren Ausführungen ich hier folge, hält in allen Details fest, wie die Menschen jeden Quadratmeter Boden ausnutzten, um auf ihm Pflanzen anzubauen.

> Auf dem Land leben die meisten Menschen in ebenerdigen Häusern, sogenannten »Harmonikas«, Einzimmerhäuschen, die wie die Fächer einer Ziehharmonika aneinanderkleben. [...]
> Auf den schmalen Streifen Land zwischen den Harmonikahäusern zogen die Menschen mit mühe-

voller Sorgfalt Paprika, Rettich, Kohl und sogar Tabak, denn selbst gedrehte Zigaretten waren natürlich billiger als gekaufte, und so gut wie alle Männer rauchten. Wer ein Flachdach auf seinem Haus hatte, stellte dort Töpfe auf, um noch mehr Gemüse zu ziehen.

1994/95 stellte der Staat die Lebensmittellieferungen ganz ein. Die Menschen, konfrontiert mit einer Situation, die an einen Krieg erinnerte, mussten zu ungewohnten Mitteln greifen, um an Nahrungsmittel zu kommen.

Sie bauten Fallen aus Eimern und Schnüren, um Kleintiere auf den Feldern zu erbeuten, spannten Netze über ihre Balkone, um Sperlinge zu fangen. Sie machten sich schlau, was die Pflanzenwelt an Essbarem bot. Sie schälten die süßliche innere Schicht von Kiefernrinde heraus und stellten daraus ein feines Pulver her, das man als Mehl verwenden konnte.

Je länger die Not andauerte, desto verzweifelter wurde nach Resten von Essbarem gesucht. Die Leute überwanden ihre natürliche Abscheu und suchten in den Exkrementen der Nutztiere nach unverdauten Getreidekörnern.

Die Hafenarbeiter kratzten in Schiffen, in denen zuvor Nahrungsmittel transportiert worden waren, die übel riechenden Reste vom Boden der Laderäume, breiteten die schmierige Masse auf dem Pflaster zum Trocknen aus und suchten dann Reiskörner und alles andere heraus, das noch essbar erschien.

Die Regierung stellte sich für die Not des Volkes blind. Sie wollte unter keinen Umständen zugeben, dass die Nahrungsmittelversorgung versagt hatte. Bis zum Herbst 1995, dem zweiten Jahr der Naturkatastrophen, weigerte sie sich, den Grad des ökonomischen Desasters mit seinen Folgen für die Lebensmittelversorgung anzuerkennen. Sie sprach von »kleineren und vorübergehenden Problemen« und verbot den Gebrauch von Wörtern wie »Hungersnot«. Es mutet zynisch an, dass sie in Pjöngjang die Losung »zwei Mahlzeiten am Tag« ausgab, welche die Einwohner dazu anhalten sollte, auf eine Mahlzeit zu verzichten. Wie immer bei der Verbreitung von Durchhalteparolen appellierte sie an den Stolz und den Willen des nordkoreanischen Volkes. Diesmal rief sie mit dem zugehörigen Pathos eine Episode aus dem Guerillakrieg gegen die japanischen Besatzer in Erinnerung, die unter der Bezeichnung »Beschwerlicher Marsch« zum nationalen Mythos hochstilisiert worden war. In den dreißiger Jahren soll Kim Il-sung mit einer Handvoll Partisanen am Paektusan bei Schneefall und eisiger Kälte einer Übermacht von Feinden standgehalten haben. Der Aufruf sollte die Bevölkerung dazu motivieren, es dem 1994 verstorbenen Großen Führer gleichzutun und die Entbehrungen klaglos und heldenhaft auf sich zu nehmen. »Hungern«, schreibt Demick lakonisch, »wurde zur patriotischen Pflicht.« Die Bezeichnung »Beschwerlicher Marsch« dient seither als Metapher für die Zeit der Hungersnot.

Erst gegen Ende 1995 gestand das Regime ein, dass es auf internationale Hilfe angewiesen war. Es richtete »einen beispiellosen weltweiten Appell für Nahrungshilfe an jene Länder, die es als Feinde betrachtete«, schreibt Hazel Smith. »Im gleichen Jahr machte Japan eine umfangreiche Spende von 500 000 Tonnen Reis (was ausreichte, um 20 Prozent der damals 22 Millionen Einwohner Nordkoreas für ein Jahr zu ernähren).« Hilfsmaßnahmen anderer Staaten folgten. Innerhalb der nächsten zehn Jahre erhielt Nordkorea Nahrungsmittel im Wert von 2,4 Milliarden Dollar, zum größten Teil aus den Vereinigten Staaten.

Freilich dürfte nur ein Teil davon bei der bedürftigen Bevölkerung angekommen sein. Wohin die Lieferungen gelangten, darüber gibt es keine Buchführung, die zugänglich wäre. Einzelfälle, die bekannt wurden, weisen auf Veruntreuung in großem Maßstab hin, wie in einer Episode, von der Barbara Demick berichtet.

> Als 1998 große, mit gespendetem Getreide aus dem Welternährungsprogramm beladene Schiffe im Hafen von Ch'ŏngjin anlegten, wurde die Ladung vom Militär auf Lastwagen umgeladen und abtransportiert. Ein Teil der Nahrungsmittelspenden gelangte zu Waisenhäusern und Kindergärten, das meiste aber landete in Lagern des Militärs oder wurde auf dem Schwarzmarkt verkauft.

Eine vierte Krise zeichnete sich ab. Der Regierung schien nicht nur die Übersicht über die Hilfslieferungen zu entgleiten, sondern auch die Kontrolle darüber, was sich in den Provinzen des Landes abspielte. Stillschweigend hatte sie in den letzten Jahren zugelassen, dass sich in ländlichen Gegenden auf kleinen Grundstücken um das Wohnhaus oder das Dorf bewirtschaftete »Küchengärten« immer mehr ausbreiteten. 1998 legalisierte sie schließlich diese aus der Not geborene Form der privaten Selbstversorgung. Sie musste auch hinnehmen, dass die Menschen sich auf eigene Faust neben Nahrung Brennholz beschafften, wo es zu finden war. Die Situation in der Region, aus der Demicks Gesprächspartner stammen, war geprägt von chaotischer Selbsthilfe. Auf den bewaldeten Hügeln wurden illegal Bäume gefällt. Die kilometerweit kahlen Hänge zeugen bis heute von den verzweifelten Aktionen derer, die unter der erbarmungslosen Kälte der nordkoreanischen Winter litten. Unter normalen Umständen hätte der Staat schon bei der kleinsten Beschädigung oder Entwendung von Staatseigentum mit aller Härte durchgegriffen, die Diebe in Straflager verbracht oder hingerichtet. Auf die sich überall ausbreitende Art chaotischer Selbsthilfe war er nicht gefasst. Wohl wurden zur Abschreckung in vereinzelten Fällen drakonische Strafen verhängt, doch diese vermochten nicht zu verhindern, dass auch öffentliche Einrichtungen demontiert und weggebracht wurden. Sie hielten die Arbeiter auch nicht davon ab, ihre stillgelegten Industrieanlagen regelrecht auszuschlachten und die Bauteile mitzunehmen oder auf dem Schwarzmarkt zu verhökern.

> Wenn man eine Leiter besaß, konnte man die Kupferdrähte aus den Stromleitungen sammeln (die Gefahr eines Stromschlags bestand nicht mehr), sie verkaufen und damit Essen erstehen. Wenn man den Schlüssel zu einer stillgelegten Fabrik besaß, konnte man die Maschinen demontieren, die Fenster und den Fußboden herausreißen und das Material anderweitig verwenden.

Frauen, die nichts mehr besaßen, was sie hätten anbieten können, begannen in ihrer Not ihren Körper zu verkaufen.

> Kim Il-sung hatte die *Kisaeng*-Häuser zwar schließen lassen, aber die Prostitution war dennoch nicht vollständig ausgerottet, sondern fand heimlich in Privatwohnungen statt. Die Hungersnot ließ die Prostitution nicht nur wieder auf der Straße sichtbar werden, sie brachte auch einen neuen Typus von Prostituierten hervor – häufig junge, verheiratete Frauen, die verzweifelt Nahrung für ihre Kinder zu beschaffen versuchten. Oft verlangten sie nicht mehr als eine Tüte Nudeln oder ein paar Süßkartoffeln als Bezahlung.

Als die Toten in die Hunderttausende gingen, zogen manche Überlebende aus ihrem Dorf oder ihrer Stadt fort in der Hoffnung, anderswo etwas Essbares zu finden. Das Herumziehen und Reisen ohne Bewilligung war in Nordkorea bei Strafe untersagt. Doch die Notlage war derart groß, dass keine Drohung und keine Repression mehr ausreichten, die Menschen zu disziplinieren. »Zum ersten Mal zogen Nordkoreaner ungestraft im eigenen Land umher.«

In der Markthalle, die wir besuchten, hatte Yu-mi von der Entstehung von Bauernmärkten erzählt, die Kim Il-sung von Anfang der neunziger Jahre an geduldet hatte. Die Bauernmärkte erwiesen sich als Keimzelle dessen, was sich da und dort zu entwickeln begann. Es entstanden inoffizielle Märkte mit improvisierten Ständen, wo mehr als nur Lebensmittel angeboten wurde. Zum ersten Mal in ihrem Leben betätigten sich Nordkoreaner als private Anbieter, verkauften Erinnerungsstücke, Wertsachen, Haustiere, tauschten Hausrat gegen Essbares ein. Offiziell blieben die Märkte verboten, doch den Behörden blieb nichts anderes übrig, als sie zu tolerieren. Die Marktbehörde in Ch'ŏngjin verschaffte ihnen geradezu einen halb legalen Status, indem sie von den Händlern eine tägliche Standmiete kassierte. Sie bildeten die Basis zum notwendigen Warentausch, denn, schreibt Barbara Demick, »die Nordkoreaner brauchten Straßenverkäufer, Fischhändler, Metzger und Bäcker, die die durch den Zusammenbruch des staatlichen Verteilungssystems entstandene Lücke mit ihren Produkten füllen konnten«.

Den Märkten standen die Nordkoreaner dennoch skeptisch gegenüber. Hauptakteure des beginnenden privaten Handels waren die Frauen, die weniger stark in die Arbeitskollektive eingebunden waren als die Männer und sich tagsüber einen Freiraum schaffen konnten. Sie waren auf beiden Seiten des Ladentischs in der Überzahl, sowohl als Anbietende als auch als Käuferinnen. Das gab ihnen eine neue Bedeutung innerhalb der nordkoreanischen Gesellschaft, vermochte ihre untergeordnete Stellung in den von Männern dominierten Strukturen aber nicht nachhaltig zu verbessern.

> Die Folge war, dass die neue Wirtschaft zunehmend weibliche Züge trug. Die Männer steckten in staatlichen Jobs fest, die nichts oder kaum etwa einbrachten; das Geld machten die Frauen.
> Dass die Frauen mehr Geld nach Hause brachten, konnte zwar die jahrtausendealte patriarchalische Kultur nicht beseitigen, aber es verlieh ihnen doch eine gewisse Unabhängigkeit.

Als die Märkte nach Mitte der neunziger Jahre größer wurden, fanden sich auch Händler aus China ein, die Haushaltswaren zu so günstigen Preisen anboten, dass sie auch in Nordkorea erschwinglich waren. Deng Xiaopings Wirtschaftsreformen hatten mit ihren Teilprivatisierungen von Betrieben und dem Abbau staatlicher Kontrollen zu einem Aufschwung und einer Diversifikation der Produktion geführt. »Aus China kamen Schreibpapier, Füller und Bleistifte, duftende Shampoos, Haarbürsten, Nagelzangen, Rasierklingen, Batterien, Feuerzeuge, Regenschirme, Spielzeugautos, Socken.«

Die Waren erreichten Nordkorea meist auf illegalem Weg. Die lange Grenze zu China folgt weitgehend dem natürlichen Verlauf von Bergzügen und Flüssen. Sie wird auf beiden Seiten zum Teil durch befestigte Grenzanlagen geschützt, zum Teil von Patrouillen der Armee bewacht. Nicht nur Menschen wurden und werden illegal über die Grenze gebracht, auch der Warenschmuggel war und ist ein einträgliches Geschäft. Im Winter ist der Fluss Tumen gefroren und kann zu Fuß überquert werden. Wer die Grenze unbehelligt passieren will, hat die richtigen Helfer zu bezahlen, die Grenzsoldaten zu bestechen oder zu überlisten.

Nordkorea gehört zu den Ländern mit den meisten Armeeangehörigen gemessen an der Bevölkerungszahl, über eine Million auf 25 Millionen. Unterernährung und Hunger sind auch unter den Soldaten verbreitet. Diese sind darauf angewiesen, ihre Lage zu verbessern, was ihre Bereitschaft fördert, Bestechungsgelder anzunehmen. Das periodisch harte Durchgreifen der Behörden, sowohl auf nordkoreanischer als auch auf chinesischer Seite, konnte den illegalen Grenzverkehr nie ganz eindämmen oder verhindern.

Die von chinesischen Händlern eingeschmuggelten Waren sorgten für ein breites Angebot auf den nordkoreanischen Märkten. Diese entwickelten sich zu Umschlagplätzen für Lebensmittel und Güter des täglichen Bedarfs. Hazel Smith bezeichnet den Wandel, der sich innerhalb der nordkoreanischen Gesellschaft allmählich vollzog, als »Vermarktlichung von unten« *(marketisation from below)*. Diese Entwicklung erfasste zunehmend auch Leute, die dem Staatsapparat, der Armee und der Partei angehörten. Das lag unter anderem daran, dass die kleinen Beamten und Funktionäre der Armut und dem Hunger nicht weniger ausgesetzt waren als die Zivilbevölkerung. Indes änderte sich etwas Grundlegendes, als Partei und Militär selbst begannen, auf lokaler und zentraler Ebene in größerem Stil Geschäfte zu machen. Diesen Institutionen ging es nicht darum, im Alltag zu überleben, sondern mit Handel an Geld zu kommen. Sie gründeten eigene Gesellschaften, die mit ihrem Eingreifen ins Marktgeschehen dessen Dynamik erheblich verstärkten und ihm auch zu einer Legitimation verhalfen, die es bisher nicht gehabt hatte. War der Handel im kleinen, lokal begrenzten Maßstab geduldet worden, wurde er mehr und mehr zum Teil des Systems. Smith schreibt:

> Die Regierung ließ das Wachstum dieser Gesellschaften bis zu einem gewissen Umfang zu, um den hybriden, halb privaten, halb der Partei zugehörigen Sektor zum Antrieb für die Institutionalisierung des Marktlebens in der DPRK zu machen. Militärische Einheiten [...] bekamen die Erlaubnis, Handelsgesellschaften zu gründen, deren anfängliche Funktion es war, an Devisen heranzukommen, um Lebensmittel für Armeeangehörige zu kaufen.

Die Handelsgesellschaften brachten einen neuen Typ Privatunternehmer hervor, der zugleich auch Parteifunktionär oder Vorgesetzter in der Armee war. Dieser Zwitter verhielt sich nicht anders als der Chef eines kapitalistischen Unternehmens, er realisierte Gewinn. Bei dessen Verwendung verfügte er zusammen mit den anderen für das Unternehmen Verantwortlichen über einen erheblichen Spielraum. Wohin die Gewinne genau flossen und in welchem Umfang der Staat davon profitierte, war keiner generellen Regelung unterworfen. Auch auf den mittleren und unteren Stufen der Hierarchie bildete sich ein Geflecht privater Interessen heraus. Wer konnte, nutzte seine Position für Partnerschaften mit Unternehmen und Handeltreibenden. Durch die Beteiligung von öffentlichen Personen verlor das Marktgeschehen den Charakter des Anstößigen und wurde zunehmend Teil der nordkoreanischen Normalität. Obwohl es weiterhin außerhalb der Legalität blieb, war der politische Wille, dagegen einzuschreiten, gering.

> Die Partei blieb, was ihre Organisation betraf, intakt, und ihre Autorität zerfiel nicht, aber die Furcht vor ihr als Instrument staatlicher Kontrolle ging zurück, da Beamte wenig motiviert waren Gesetze durchzusetzen, die ihre eigenen ökonomischen Interessen bedrohten.

Nordkoreas Eintritt in die Ära des Kapitalismus vollzog sich, ohne dass er benannt oder offiziell anerkannt wurde. Für die neue Wirtschaftsordnung gab es keine gesetzliche Grundlage und keine entsprechende Rechtsprechung; die geltenden Gesetze vermochten das reale Geschehen nicht mehr abzubilden. Daraus ergab sich für Justiz und Polizei ein erheblicher Ermessensspielraum, der zu einer Aushöhlung des Rechts führte.

> Beamte der öffentlichen Sicherheit (die Polizei) hatten die Kompetenz, auf der Stelle zu entscheiden, ob eine Person das Recht gebrochen hatte und ob ein Missetäter in ein Arbeitslager zu überstellen sei. Auch Justizbeamte hatten einen gewissen Spielraum in der Anwendung des Gesetzes, etwa was die Art der Strafe oder die Dauer der Haft betraf. Diese relative Autonomie von Beamten und der willkürliche Charakter des Rechtssystems leisteten der Käuflichkeit von Gesetz und Ordnung Vorschub: Beamte konnten durch ein wohlkalkuliertes Angebot von Lebensmitteln, Gütern oder Geld »überredet« werden, einen Fall nicht weiterzuverfolgen.

Die Möglichkeit, Gewinn zu machen, ging mit Bestechung Hand in Hand. Von den Idealen einer Wirtschaftsordnung ohne Privatbesitz, Konkurrenzdenken und Spekulation, die Nordkorea seit seiner Gründung bestimmt hatten, blieb nicht mehr viel übrig. An die Seite des Kollektivs, das für das Fortkommen der Gesellschaft verantwortlich gewesen war, traten Partikularinteressen; sie durchsetzten das System mehr und mehr. Eine Ausnahme bildete die Landwirtschaft, die im Wesentlichen in Kooperativen organisiert blieb. Zugelassen wurden Privatfelder und -gärten für den Eigenbedarf und den Verkauf in kleinem Maßstab.

Der schleichende Umbau des nordkoreanischen Wirtschaftssystems führte zu einem fundamentalen Wertewandel. Diesem trug die Regierung im Jahr 2002 durch eine Verfassungsänderung Rechnung, die das Gewinnstreben legalisierte und eine kontrollierte Zulassung von Marktmechanismen vorsah. Im Zuge einer Währungsreform wurden die staatlichen Preise an Marktpreise angepasst und die Löhne erhöht. Ein Jahr später wurden die Bauernmärkte in »Märkte« umgetauft und weitgehend toleriert – mittlerweile gibt es landesweit über vierhundert davon. Dort durften nun auch Industriegüter gehandelt werden. Obwohl die Reformschritte immer wieder zurückgenommen wurden, die staatliche Kontrolle weiter verstärkt und der Anspruch der Partei aufrechterhalten wurde, war eine Richtung eingeschlagen worden, die von den sozialistischen Prinzipien entschieden wegführte. Resultat ist eine heterogene und unübersichtliche Durchdringung der Gesellschaft durch marktwirtschaftliche Mikrowelten und halbstaatliche Großunternehmen, die keine ebenbürtige private Konkurrenz neben sich dulden. Wird ihnen eine solche zu gefährlich, kann sie jederzeit durch Sanktionen zurückgebunden werden.

Durch die entstandene Rechtsunsicherheit wird die Lage für einen wachsenden Teil der Bevölkerung verworren und widersprüchlich. Der UN-Bericht »The price is rights« von 2019 schätzt, dass »rund drei Viertel der Bevölkerung teilweise oder ausschließlich von privaten Märkten abhängen, um zu überleben«. Einerseits sind die Nordkoreaner für Lebensmittel, Güter und Dienstleistungen aller Art auf den informellen Handel angewiesen. Andererseits können sie, wenn sie sich als Käufer oder Händler am Marktgeschehen beteiligen, jederzeit Opfer staatlicher Verfolgung und Erpressung werden. Nur wer in der Lage ist, den jeweiligen Regierungsbeamten Schmiergelder zu bezahlen, kann sich der Strafe entziehen. Das hat für die heranwachsende Generation einen radikalen Sinneswandel zur Folge. Für sie geht es nicht mehr darum, mustergültige sozialistische Bürger zu werden. Viel wichtiger ist es zu lernen, wie man sich im ökonomischen und gesellschaftlichen Graubereich zurechtfindet, ohne mit den staatlichen Direktiven in Konflikt zu geraten.

Der Nordkorea-Kenner und Publizist Andrei Lankov von der Kookmin-Universität in Seoul spricht in diesem Zusammenhang von einer Form des Kapitalismus, die in ihrer Skrupellosigkeit an die Zeit der industriellen Revolution in England erinnere. »Man kann selbst mit bescheidenen Verhältnissen ein Vermögen machen, wenn man hart arbeitet, rücksichtslos ist, gerissen, zu manipulieren versteht.« Vor allem in Pjöngjang hat sich eine neue Mittelschicht herausgebildet, deren Privilegien nicht mehr ausschließlich an die Parteimitgliedschaft gebunden sind, sondern an ihr wachsendes Vermögen. Diese *donju* – aus *don*, Geld, und *ju*, Herr, »Fürsten des Geldes« – lässt der Staat gewähren, solange sie sich dem Machtanspruch der Partei unterwerfen. Sie haben keine politischen Ambitionen und kein Interesse an einem Systemwechsel, vielmehr arrangieren sie sich mit der alten politischen Elite und paktieren mit ihr.

Bei all diesen Abhängigkeiten innerhalb eines mangelhaft kontrollierten Rechtsraums überrascht es nicht, dass Nordkorea in Sachen Korruption denkbar schlecht abschneidet. Im Korruptionswahrnehmungsindex, der von Transparency International jährlich veröffentlicht wird, steht der Staat 2019 an neuntletzter Stelle von insgesamt 180 Ländern.

Unter Büchern und Bildern

Vom Besuch in der Buchhandlung von Rajin versprach ich mir wenn nicht den Eintritt in das Paradies, so doch einen Abglanz davon. Scheinen in Romanen, Gedichten, in historischen Werken nicht immer auch Menschheitsträume und Utopien auf? Yu-mi hatte schon vor der Reise davon gesprochen, wie sehr sie sich auf die Begegnung mit aktuellen Büchern freue. Sie hoffe, davon einen Eindruck von der zeitgenössischen Literatur Nordkoreas zu bekommen.

Der unscheinbare Laden befindet sich eingebettet in eine Häuserfront beim zentralen Platz der Stadt. Wir betreten ihn hinter einer Gruppe chinesischer Reisender, die gleich auf eine Auslage mit Souvenirs auf der rechten Seite des geräumigen Inneren zusteuern. Die Touristen nehmen kleine Holzschalen in die Hand, Ringe aus Jade, riechen an Teepackungen. Zwei Frauen legen sich Ketten mit künstlichen Perlen um, die sie von Gestellen genommen haben. Sonst gibt es keine Kunden. Auf dem langen Ladentisch liegen kleine Stapel von Büchern. Neugierig treten wir näher. Yu-mi studiert die Aufschrift auf den Buchrücken in den Regalen an der Wand dahinter, die spärlich mit Werken bestückt sind. Die Verkäuferin, die hinter der Kasse hervorkommt, ist so hilfsbereit wie verlegen. Romane, nein, das hätten sie nicht. Belletristik aus Nordkorea? Sie dreht sich um und besieht sich nun ebenfalls, die Hände in die Hüften gestützt, die Grüppchen der Bücher in den Regalen. Einige Werke nimmt sie zögernd heraus, Fotobände, Reiseliteratur, Schulbücher, koreanisch, englisch, chinesisch. »Vielleicht ein Liebesroman?«, fragt Yu-mi.

Auch Herr Kang, der hinzugetreten ist, weiß nicht weiter. Wir stehen nicht in irgendeiner Buchhandlung, sondern in einer der wenigen, die es außerhalb von Pjöngjang überhaupt gibt. Es ist kaum zu fassen – in ihrem Sortiment ist kein Werk nordkoreanischer Literatur zu finden. So wenig wie belletristische Werke aus China, Russland oder anderen Ländern, von südkoreanischer Literatur ganz zu schweigen.

Doch gerade Südkorea hat eine Literatur hervorgebracht, die im Norden auf Interesse stoßen müsste. Bis in die neunziger Jahre war sie vom koreanischen Trauma des 20. Jahrhunderts geprägt und versuchte, dieses in Worte zu fassen. Es gab Themen zu bewältigen, die in der Öffentlichkeit kaum thematisiert wurden: die vierzig Jahre währende japanische Kolonialherrschaft, die Teilung der Halbinsel in zwei Besatzungszonen im Jahr 1948, den von 1950 bis 1953 währenden Koreakrieg und die Zeit der Diktatur in Südkorea unter Park Chung-hee in den Jahren 1961–1979. Romane und Erzählungen nahmen sich des Schicksals von Vertriebenen, Versehrten, Verratenen an, ohne sich um die ideologischen Gräben zu kümmern, die sich zwischen den Herrschenden im Süden und Norden als Stellvertreter der Mächte des Kalten Krieges aufgetan hatten. Sie hielten die Erinnerung an ein vereintes Korea wach. Versuche von Autoren, über die Demarkationslinie hinweg miteinander in Kontakt zu kommen, wurden behindert, wozu das Regime in Südkorea das Seine beitrug. Der regimekritische Autor Hwang Sok-yong etwa wurde 1993 wegen seiner Besuche in Nordkorea, die er ohne offizielle Erlaubnis unternommen hatte, zu sieben Jahren Haft verurteilt.

Dann vollzog sich eine Wende in der südkoreanischen Literatur. In den neunziger Jahren meldete sich eine junge Generation zu Wort, die nicht länger über Fremdherrschaft und Krieg schreiben mochte und sich entschieden der Gegenwart und ihren Problemen zuwandte. Sie orientierte sich auch nicht mehr an der traditionellen Erzählkunst, sondern suchte nach eigenen sprachlichen Ausdrucksmitteln. Literarische Vorbilder aus Europa und Amerika standen ihr dabei zur Seite. Innerhalb weniger Jahre gelang es ihr, den Anschluss an deren Erzählkultur zu finden. Südkoreanische Autoren gingen souverän mit Perspektivenwechsel, Überblendungen, Zeitsprüngen um. Sie begannen Probleme wie Konsumkultur, Gewalt in der Gesellschaft, den Spannungszustand des Individuums zwischen Tradition und Industrialisierung zu verarbeiten. Dennoch haben sie einen genuin koreanischen Zugriff zu ihren Themen bewahrt, etwa dadurch, dass sie der Einbindung des Einzelnen in Familie und Sippe nach wie vor eine zentrale Rolle einräumen.

Etwas Vergleichbares gibt es nicht in nordkoreanischen Veröffentlichungen. Zwar findet die Auseinandersetzung mit dem Leben in Nordkorea in der erzählenden Literatur durchaus statt, doch diese selbst ist aus dem Land ausgesperrt. Sie floriert in den Romanen, Geschichten, Berichten derer, die geflohen sind und aus dem Exil von ihrer Flucht erzählen, vom Unrecht, das ihrem Volk angetan wurde, den Entbehrungen, die es erleidet, dem Hunger, den fürchterlichen Bedingungen in den Gefängnissen und Internierungslagern. Manche dieser Bücher geben auch Einblick in den nordkoreanischen Alltag.

Aus dieser Exilliteratur ein umfassendes Bild vom Leben im Land zu gewinnen, ist nicht einfach. Die meisten Bücher sind auf den Einzelfall fokussiert. Sie sind geprägt von persönlichen Traumata und Verletzungen, von Verfolgung und Flucht. Oft geht aus ihnen nicht eindeutig hervor, auf welche Jahre sie sich beziehen. Und wo in ihnen Zorn, Wehmut, Angst, Hoffnung die Erinnerungen grundieren, fällt es den Lesenden nicht leicht, das Schicksal der Protagonisten in ein gesellschaftliches Ganzes einzuordnen. Es ist eine Literatur, die wesentlich vom Inhalt bestimmt ist und der es nicht in erster Linie darum geht, nach der eigenen Sprache zu suchen, sich aus traditionellen Erzählmustern zu befreien, die Zerrissenheit der Schreibenden zwischen nordkoreanischen Wurzeln und westlicher Zivilisation auch formal abzubilden.

Was aber wird im Land selbst geschrieben? Das Angebot in der Buchhandlung und auch dasjenige in der Universitätsbibliothek in Ch'ŏngjin, die wir einige Tage später besuchen werden, lässt darauf schließen, dass die Erzählliteratur fehlt, die den nordkoreanischen Leserinnen und Lesern ermöglichen könnte, Distanz zu ihrem Leben zu gewinnen und einen Reflexionsprozess über ihre aktuelle Lage, über die Spuren und Verwerfungen ihrer Geschichte in Gang zu bringen. Es fehlen die Dramen, die in Nordkoreas Erde begraben sind und darauf warten, eines Tages ans Licht zu kommen, die Erzählungen von Verrat, Entzweiung und Trennung, von Hoffnung und Sehnsucht. Vielleicht sind sie im Verborgenen im Entstehen, einige schon geschrieben. Sie könnten irgendwann, wenn sich eine ideologische Entspannung anbahnt, wesentlich zur Selbsterkenntnis, zur Entstehung eines neuen Selbstbewusstseins der Menschen in Nordkorea beitragen.

Auf dem Ladentisch selbst liegen in nicht zu geringer Zahl

die Schriften aus der Feder der berühmtesten Schriftsteller des Landes, der Kims. Vater, Sohn und Enkel haben sich neben all ihren Verpflichtungen immer wieder Zeit genommen, die Grundprinzipien ihres Handelns für ihr Volk darzulegen, dem ihr Denken und Trachten, wie zu erfahren ist, einzig gehört. Stapel von Übersetzungen auf Englisch, Französisch, Spanisch und Chinesisch liegen neben den koreanischen Originalausgaben.

Die Botschaft ist in allen Traktaten dieselbe. Nordkorea ist der beste Staat der Erde; es befindet sich in einem unaufhörlichen technischen, wirtschaftlichen, sozialen Aufschwung; Partei, Armee und Volk stehen wie ein Mann hinter dem Führer. Die anstehenden Aufgaben würden gemeinsam gelöst, feindlich gesinnte Mächte unerbittlich bekämpft und abgewehrt.

Ich greife nach einer der englischsprachigen Schriften, *For the Prosperity of the Country*. Sie enthält die Reden Kim Jong-uns aus dem Jahr 2015. Der Marschall, wie sein offizieller Titel lautet, zieht in seiner Neujahrsansprache an die Genossen eine enthusiastische Bilanz. Jede Zeile atmet den Geist der Utopie, jedes Wort ist erfüllt vom Feuer der Revolution. Ich lese ein paar Zeilen laut vor.

> Das letzte Jahr war ein Jahr des glänzenden Erfolgs, in dem die Grundlagen für einen beschleunigten Fortschritt einer blühenden Nation an allen Fronten weiter gefestigt wurden und die unbesiegbare Stärke der DVRK unter der Führung der Partei bewiesen wurde.

Aus dem Augenwinkel bemerke ich, das sich Herr Kang nähert. An seinem Revers blitzt die Anstecknadel mit dem Konterfei Kim Il-sungs.

> Keine Macht der Welt kann die Vorzüge unserer Armee und unseres Volkes ermessen, die dahinbrausen wie die Stürme am Paektu, voll von Enthusiasmus und dem felsenfesten revolutionären Vertrauen, unbesiegbar zu sein unter der Führung der Großen Partei, und der letzte Sieg wird unzweifelhaft uns gehören.

Auf Yu-mis Zügen zeichnet sich ein vorsichtiges Lächeln ab. Herr Kang scheint irritiert; er kann meinen Ton als Vorleser nicht einordnen. Er mahnt zum Aufbruch. Dass ich drei der broschierten Schriften kaufe, scheint ihn nicht nur zu freuen.

> Es ist die feste Absicht und der Wille unserer Partei, alle Sektoren rasch zu entwickeln und mithilfe von Wissenschaft und Technologie ein Volksparadies zu bauen.

Ein Land, das kurz davorsteht, das Paradies zu verwirklichen, braucht keine Literatur. Da sind die Schriftsteller, die unberechenbaren Zeugen, die ewigen Mahner und Kritiker, die bloß Hoffenden, überflüssig geworden.

Die Straße vor dem Buchladen ist in mildes Herbstlicht getaucht. Passanten sind geschäftig mit ihren Taschen, Säcken, Brettern, Schaufeln unterwegs, Radfahrer kurven um sie herum, wenn sie nicht ihr beladenes Gefährt neben sich her stoßen. Herr Kang hat uns den Besuch einer Galerie mit zeitgenössischer Kunst in Aussicht gestellt. Der Weg zur Galerie sei nicht weit. Er geht uns voran und hält vor der Treppe zum Eingang eines freistehenden zweistöckigen Gebäudes. Links und rechts neben den Stufen stehen zwei steinerne Löwen. Die Eingangstür aus dunklem Holz wird von zwei Halbsäulen flankiert.

Nach dem Eintreten steigen wir eine enge Innentreppe hoch in den ersten Stock zu den Ausstellungsräumen. Die Bilder hängen dicht neben- und untereinander an den Wänden: romantische Flusslandschaften, dunkle Wälder, wogende Felder in Öl und Acryl. Hier schwimmt ein Schwarm Fische durch ein Bild, dort liegt faul ein Tiger; schützend umgeben die verschneiten Gipfel des Paektu-Gebirges den blau leuchtenden Kratersee. Die Werke wirken wie aus einer Malschule des 19. Jahrhunderts. Die Landschafts- und Natursujets zeigen keinerlei gesellschaftlichen Bezug, scheinen jeder Zivilisation entrückt zu sein, allen sozialen Zusammenhängen enthoben, zeitlos. Sie bilden eine Welt für sich, aus der sich der Künstler in jeglicher Hinsicht, auch stilistisch, zurückgezogen hat. Es ist eine anonyme Malerei, handwerklich kunstvoll ausgeführt, die in keinem Dialog mit den Strömungen ihrer Zeit steht oder mit der Kunst irgendwo sonst auf der Welt.

Im hinteren Raum treffen wir auf Szenen aus dem täglichen Leben, aus dem Familien- und Arbeitsalltag. Die einträchtig beisammensitzende Familie mit dem Pfeife rauchenden Großvater, der die Enkelin auf dem Schoß hält, in der Ecke die Säcke mit Vorräten, die Mutter vor einem Bündel Reisig, ein Buch in der Hand, still lächelnd, dem kleinen Sohn lauschend, der aus einem anderen Buch vorliest – ein Sonntag auf dem Land? Damals? Heute? Ein Bild zeigt einen im Bau befindlichen Wohnblock, auf den unverputzten Mauern stehen Parteiparolen. Dutzende von arbeitenden Handwerkern drängen sich auf den Baugerüsten, über ihren Köpfen wehen auf dem Dach unter tiefblauem Himmel eine Reihe roter Fahnen.

Den Bildern in diesem Raum, welchen Lebensbereich sie auch thematisieren, Arbeit, Armee oder Familie, ist stets eine offensichtliche Absicht eingeschrieben. Sie wollen zur Arbeit ermuntern, den unaufhaltsamen Fortschritt demonstrieren oder zur ideologischen Festigung beitragen. Auf einer Darstellung steht Kim Jong-il, umringt von Wissenschaftlern, die vor Begeisterung die Arme in die Luft werfen, vor der nordkoreanischen Landkarte und feiert einen erfolgreichen Satellitenabschuss. Auf anderen wird die Wehrhaftigkeit verherrlicht. Das Gemälde »Letters from the Front« (2017) zeigt lachende Gesichter über einem Brief, der vom Sohn oder vom Vater aus dem Krieg eingetroffen ist.

Die Bilder ermutigen zum gemeinsamen Handeln, zur begeisterten Unterordnung unter das gemeinsame Ganze, zum geeinten Voranschreiten in eine bessere Zukunft unter der Führung der Partei. Sie bilden verklärend nach, was in Kim Jong-uns Schrift, aus der ich im Buchladen vorgelesen habe, entworfen ist. In seiner Neujahrsadresse an das koreanische Volk schreibt der Führer am 1. Januar 2015 den Kunstschaffenden ins Stammbuch:

> Der Sektor Kunst und Literatur muss seine Stagnation überwinden und eine größere Anzahl von zeitgenössischen Meisterwerken hervorbringen, welche die Massen zu weiteren Anstrengungen beflügeln.

Neben diesen beiden Spielarten der Malerei, dem Eskapismus und dem sozialistischen Idealismus, hat sich in Nordkorea eine selbstbewusste Plakatkunst herausgebildet. Sie steht im Dienst der direkten Suggestion der Massen, arbeitet mit kräftigen Farben, klaren Formen und mit kräftigen Slogans. Auch die

Werke dieser Sparte sind in der Galerie vertreten. Wir finden sie in einem schmalen Seitengang, als wolle man sie, die am lautesten nach Aufmerksamkeit rufen, verstecken. Sie ähneln in ihrer Ästhetik der europäischen Plakatkunst der dreißiger Jahre, genauer gesagt einer Darstellungsweise, die alle fortschrittliche Grafik ausblendete und den Arbeiter, die Bäuerin, den Soldaten nostalgisch naiv und idealisiert präsentierte. Entschiedener noch als die Gemälde feiern sie die Errungenschaften des Landes, zeigen Flugzeuggeschwader, Raketen, geschlossene Soldatenreihen, auf der andern Seite Feldfrüchte, Fische, Vögel. Oft erzählt der in blasseren Farben gehaltene Bildhintergrund eine Geschichte von Wohlstand und Reichtum. Ein Kranz Hochhäuser erhebt sich um das Paar in Bauerntracht; hinter der jungen Schuhverkäuferin türmen sich Waren, als gehe es um eine Hochzeitsbescherung – Kleider, Schuhe, Taschen, ein Fernseher, ein Ventilator, ein Flügel, ein Fahrrad. Die Warenwelt für einmal nicht als Kaufanreiz, sondern als Leistungsausweis, von dem niemand in diesem ärmlichen Landstrich weiß, ob er das reale Angebot in der Hauptstadt wiedergibt oder eine noch zu erreichende Stufe der Produktion in Aussicht stellt.

In der Mitte des nächsten Raums steht eine beinahe lebensgroße Bronzefigur des Großen Führers. Ich gehe in die Hocke, um eine Aufnahme zu machen, da stellt sich Herr Lee schützend vor die Plastik hin.

»Dieses Foto ist nicht gestattet«, sagt er.

Ich bin verblüfft. Aber Herr Lee weist mich darauf hin, dass das dahinter an der Wand hängende Gemälde, das ebenfalls einen Führer zeigt, auf dem Foto teilweise verdeckt worden wäre. Und bloß halb sichtbar dürfe der Führer nicht auf ein Bild kommen. In der Eile entgeht mir, welcher Kim welchem

Kim im Weg steht, ob der Großvater dem Sohn, dem Enkel oder sich selbst, aber das spielt keine Rolle. Kim plus Kim geht nur, wenn sie nebeneinanderstehen, zum Ganzen arrangiert sind und von keinen weiteren Figuren gestört werden. Das Foto eines Kim darf nicht dem Zufall überlassen werden, es muss eine sorgfältig gestaltete Komposition sein. Herr Lee erklärt weiter, dass es nicht gestattet sei, eine Statue oder ein Gemälde eines der drei Kim auf einer Fotografie anzuschneiden oder nur in Ausschnitten zu zeigen. Es gehe also auch nicht, das Gemälde mit Kim im Hintergrund wegzuzoomen und den in Bronze gegossenen Kopf in Nahaufnahme festzuhalten. Ich erhebe mich, stelle mich seitlich der Plastik hin und gehe erneut in die Hocke. Diesmal steht Herr Kang vor dem Kunstwerk. Herr Kang vor Kim, der wiederum vor Kim steht. Ich hatte nicht realisiert, dass auch die Seitenwand Kim-Porträts enthält, deren Unversehrtheit von der Kim-Statue im Vordergrund bedroht ist.

Wir verlassen die Galerie, ohne ein Foto des Führers gemacht zu haben. Aber Yu-mi trägt eine Darstellung von Spatzen auf einem winterlich kahlen Ast zusammengerollt und in einen festen Karton gesteckt unter dem Arm. Das Aquarell fand sich in einem Stoß von Zeichnungen und Aquarellen, die zum Verkauf standen. Sie hat dem Angestellten der Galerie dafür sechzig Dollar bezahlt. Von den Devisen wird der Staat das meiste einbehalten und dem Künstler nur einen geringen Teil in der Landeswährung überlassen. Jedenfalls dann, wenn er ihn auf die gleiche Weise entschädigt wie die nordkoreanischen Leiharbeiter, die in verschiedenen Ländern der Welt tätig sind, um für ihn Devisen zu erwirtschaften. Deren Einkünfte, die in der Fremdwährung anfallen, nimmt der nordkoreanische Staat an sich und zahlt ihnen davon zwanzig bis dreißig Prozent in nordkoreanischen Wŏn aus. Auch so verdienen sie noch rund das Vierfache von dem, was sie für ihre Arbeit zu Hause bekommen.

Während des Nachtessens läuft im Fernseher an der Wand mir gegenüber ein Kulturfilm. Das Bild flimmert wie in den fünfziger Jahren bei uns, als die ersten Fernsehapparate in den westeuropäischen Stuben Einzug hielten. Es ist von niedriger Auflösung, flackert bisweilen, fällt aus, kehrt wieder. Über den Kopf von Yu-mi weg verfolge ich interessiert, was gezeigt wird, und versuche zu verstehen. Der Zufall will, dass es eine Sendung über eine koreanische Malerin ist. Die Kamera fährt offenbar in einer Ausstellung Bild für Bild die Wand entlang. Die Gemälde sind ganz anders als die, die wir gesehen haben. Ihnen fehlt jedes Pathos, jede große Geste; sie zeigen Gegenstände des Alltags, Studien von Pflanzen, Schmetterlingen, Insekten in einer Innigkeit und Feinheit, die mich überrascht und beglückt. Ich weise Yu-mi auf die Sendung hin.

»Nordkorea hat offenbar doch Künstler von Qualität«, sage ich. »Schade, solche Bilder haben wir nicht gesehen.«

Yu-mi dreht sich um und schaut sich den Film eine Weile an. Auf einmal springt sie auf. »Das ist doch«, ruft sie, »die Malerin Shin Saimdang!« Ihr linkes, ihr enthusiastisches Auge öffnet sich wie immer, wenn sie begeistert ist.

»Du kennst sie?«

Auch die Herren Lee und Kang haben sich dem Fernseher zugewandt. Yu-mi redet auf sie ein. Obwohl die höfliche Distanz, die sie uns gegenüber wahren, es ihnen schwer macht, Gefühle zu zeigen, lassen sie sich von ihr anstecken. Sie sind offenbar erleichtert darüber, dass ihre westlichen Gäste endlich von etwas aus ihrem Land vorbehaltlos angetan sind. Sie kennen Shin Saimdang. Das Gesicht der Malerin wird in Großaufnahme gezeigt: schwarzes, zu einem Dutt streng nach hinten gekämmtes Haar, weiße Bluse, die Hände auf dem Schoß. Unbeweglich sitzt sie da. Es ist ein gemaltes Selbstporträt. Frauen in alten Trachten treten auf, untermalt von traditioneller Musik. Auf einmal begreife ich: Shin Saimdang ist eine Künstlerin längst vergangener Zeit.

»Sie lebte«, antwortet Yu-mi auf meine Frage, »in der ersten Hälfte des 16. Jahrhunderts.«

Ihre Bilder sind jung geblieben. In ihrer Präzision, ihrer unbestechlichen Kühle stehen sie unserer Wirklichkeit überraschend nahe. Es ist eine Lebendigkeit in ihnen, die ich auf keinem der Bilder in der Galerie entdeckt habe. Das ist doch eine Tradition, an die heutige Künstler anknüpfen, die sie weiterführen könnten. Schweigend folgen wir dem Film. Ab und zu wirft jemand einen Kommentar ein. Die Werke der »weisen Mutter«, wie sie genannt wird, gehören zum kulturellen Erbe, das allen Koreanern gemeinsam ist. Für die Dauer einer Fernsehsendung sind die politischen Vorbehalte zwischen uns und den nordkoreanischen Männern verschwunden. Kein Bewusstsein des Fremdseins steht mehr im Raum. Eine solche Stimmung haben wir auf der ganzen Reise nicht erlebt. In ihr schwingt etwas von jener Utopie mit, die wir im Buchladen und der Galerie vergeblich gesucht haben und die seit so langer Zeit aus dem gesellschaftlichen Kontext Nordkoreas verschwunden ist.

Erinnerungsorte

In Kyŏngsŏng steht noch ein Stück der alten Stadtbefestigung. Kyŏngsŏng ist eine kleine Stadt südlich der Provinzhauptstadt Ch'ŏngjin. Ein Besuch Ch'ŏngjins ist auf der Rückfahrt in einigen Tagen vorgesehen. Heute haben wir dort auf der Fahrt von Rajin nach Süden nur einen Mittagshalt eingelegt und auf einem nahen Hügel ein Kriegsdenkmal besucht. Wir werden die Nacht in einem Hotel am Rand von Kyŏngsŏng verbringen. Dessen über zwei Kilometer lange Stadtmauer geht auf die Koryŏ-Dynastie zurück, sie wurde im Jahr 1107 gebaut. Eines der vier Tore, das Südtor, ist noch erhalten. Wir bekommen Tor und Mauer nicht zu Gesicht, von seiner Existenz ahnen wir nichts. Erst im Nachhinein werde ich durch einen Reiseanbieter überhaupt von ihr erfahren.

Die Spuren der koreanischen Frühgeschichte sind aus dem Land weitgehend getilgt. Viele Kräfte haben im Verlauf des 20. Jahrhunderts an diesem Zerstörungswerk mitgearbeitet. Erst kamen die Japaner, die während ihrer Besatzungszeit die koreanische Kultur auszulöschen versuchten, Tempel niederrissen, Paläste und andere historische Bauwerke zerstörten. Was noch stand, wurde durch die Bombardements der USA und ihrer Alliierten im Koreakrieg vernichtet. Und als ob diese

Verheerungen nicht genügten, werden die letzten Zeugen der Geschichte durch das Kim-Regime dadurch ausgelöscht, dass sie aus dem öffentlichen Bewusstsein verdrängt und durch die Geschichte der Revolution ersetzt werden. Bis auf die kleine Altstadt in Kaesŏng sowie einige im Land verstreute alte Wohnhäuser, Tempel und Grabstätten von Königen gibt es kaum historische Denkmäler, die gepflegt und in Erinnerung gehalten werden.

Geschichte ist darauf angewiesen, dass sie erzählt wird. Sie ersteht aus dem, was von Generation zu Generation weitergegeben wird. In Nordkorea ist die offizielle Geschichte – wir werden es auf unserer Reise in wenigen Tagen erfahren – eingedampft auf die Heldentaten Kim Il-sungs, auf die Wohltaten seiner Partei, die Leistungen der nordkoreanischen Armee. Sie beginnt beim einen Kim und endet beim anderen Kim, ein geschlossener Kreis, für den es kein Vorher gibt. Das Nachher führt zu den nächsten Planzielen und großspurigen Versprechungen.

Von historischen Stätten, die der Verehrung und der Bewahrung dieses geschlossenen Kreises gewidmet sind, wimmelt es im Land. Einige schauen wir uns heute an. Sie stehen jeweils in irgendeinem Bezug zur Revolution, das heißt, sie stehen in einem Bezug zu Kim Il-sung und seinen Nachfolgern. Einmal ist es ein Haus, das der Führer 1947 nach der Befreiung kurz bewohnte. Im nahen Bach werden uns die Steine gezeigt, auf die er sich bei der Morgentoilette stellte. Ein anderes Mal ist es ein neu errichteter Pavillon am Meer in der Nähe des Fischerdorfes, wo der Große Präsident die erste Fischereikooperative des Landes gründete. Dann ist es ein im traditionellen Stil nachgebautes Bauernhaus, das an die Bauernkollektive erinnert, die Kim Il-sung im ganzen Land ins Leben rief, als er den Boden neu aufteilte, um die Lage der Bauern zu verbessern.

Die Blumenzucht, zu der wir geführt werden, heißt »Das grüne Haus« und dürfte die einzige Gärtnerei auf der Welt sein, die der Pflege von nur gerade zwei Blumenarten dient. Die eine blüht rot, die andere lila. Sie werden in einem kleinen Treibhaus gezüchtet, das voll von wunderschönen Exemplaren ist. Die eine Blume, eine Orchidee, geht auf eine Kreuzung durch einen indonesischen Gärtner zurück. 1965 schenkte der indonesische Präsident Sukarno sie seinem nordkoreanischen Amtskollegen Kim Il-sung, und seitdem heißt sie Kimilsungia. Damit Kims Nachfolger nicht blumenlos bleiben musste, züchtete ein japanischer Botaniker 1988 zum 46. Geburtstag von Kim Jong-il eine Begonie, die auf den klingenden Namen Kimjongilia getauft wurde. Sie soll, weiß Wikipedia, alljährlich zum Geburtstag von Kim Jong-il am 16. Februar blühen. Sie repräsentiere außerdem die Chuch'e-Ideologie und stehe für Weisheit, Liebe, Recht und Frieden.

Das Doppelporträt am Eingang des Grünen Hauses zeigt die beiden Herrscher in dunklem Anzug und aufrechter Haltung aus einem Meer roter Blumen aufragen. Ich frage Herrn Kang, ob eine Aufnahme der beiden zulässig sei, denn ihr Unterleib sei auf dem Bild ja durch Blumen verdeckt. Er nickt. Stellt sich aber hinter mich, um sich zu vergewissern, dass ich den Bildausschnitt ordnungsgemäß wähle.

Wenig später machen wir Halt bei einer Steinstele. Ihre Inschrift erinnert an die Errungenschaften der Revolution.

»Was bedeutet die Revolution eigentlich für Sie persönlich?«, frage ich Herrn Lee, während Yu-mi die Inschrift liest.

Er holt in seiner Antwort weit aus, geht in die Geschichte zurück, beginnt bei der Besetzung durch Japan, beim Widerstand der Partisanen, der Neuordnung der Gesellschaft durch Kim Il-sung.

»Verzeihen Sie, dass ich Sie unterbreche.« Die Geschichte Nordkoreas sei mir einigermaßen geläufig, sage ich. »Mich interessiert, was Revolution für Sie selbst bedeutet. Für Sie, hier und heute.«

Er stutzt, als hätte ich eine unpassende Frage gestellt.

Ich erkläre ihm, in Europa hätten die großen Revolutionen zum Ziel gehabt, die ökonomischen Unterschiede zwischen den Menschen aufzuheben, soziale Gerechtigkeit zu schaffen, politische Rechte für alle einzuführen. »Wie sehen Sie die Verhältnisse in Ihrem Land? Wo steht es heute?«

Seine Gedanken scheinen wieder Grund zu fassen. Er führt nun aus, was die Revolution bringen solle, Wohlstand für alle. »Revolution ist Wohlstand für alle«, sagt er. Das ist ein Satz aus dem offiziellen Vokabular. »Wir arbeiten daran.«

»Und wenn der Wohlstand einmal allgemein geworden ist? Was kommt dann?«

»Dann kann die Revolution aufhören«, sagt er, als sei es das Normalste der Welt.

»Nun ja, dann kommt Nordkorea ungefähr dorthin, wo der Kapitalismus angelangt ist. Auch der Kapitalismus verspricht Wohlstand für alle. Wobei dies für die wirtschaftlich Starken und die Herrschenden etwas anderes bedeutet als für die Bedürftigen. Gibt es für Sie Ziele, die über den allgemeinen Wohlstand hinausgehen?«

Er schaut mich verwirrt an.

Herr Kang ist zu uns getreten und erlöst ihn.

»Wir sind gerade bei der Frage, was Revolution bedeutet«, sage ich. »Wie sieht das für Sie aus? Was heißt Revolution für Sie persönlich?«

»Das hat Ihnen Genosse Lee doch schon erklärt«, antwortet er. »Dazu kann ich nichts hinzufügen.«

Er geht davon aus, dass es eine für alle gültige Antwort gibt. Und dass Herr Lee diese Antwort bereits formuliert hat.

»Ich würde gerne Ihre persönliche Haltung dazu kennenlernen«, beharre ich und füge, da er seine Verlegenheit nicht verbergen kann, hinzu: »Wenn Sie möchten, können wir Herrn Lee bitten, uns allein zu lassen. Er braucht Ihre Antwort nicht zu hören.«

Noch während ich spreche, bemerke ich meine Unbesonnenheit. Ich unterstelle ihnen, sie würden sich gegenseitig misstrauen. Die beiden sehen sich kurz an. Dann entfernt sich Herr Lee.

»Meine eigene Haltung?«, fragt Herr Kang. »Nun, im 20. Jahrhundert hatten die Japaner unser Land okkupiert. Im Oktober 1926 gründete Präsident Kim Il-sung die Bewegung ›Nieder mit dem Imperialismus‹, die …«

Ich unterbreche auch ihn: »Ja, ich weiß, die historischen Zusammenhänge sind mir bekannt. Ich möchte wissen, was Revolution für Sie jetzt, in der Gegenwart, bedeutet.«

Er stutzt wie Lee, überlegt, fasst sich und sagt: »Revolution bedeutet, viel zu arbeiten. Wenn in unserem Land alle hart arbeiten, werden wir es voranbringen.« Er macht eine Pause. »Oder etwa nicht?«, fragt er siegesgewiss, »Finden Sie nicht auch?«

Ich nicke. Arbeit, Disziplin, Ausdauer, durch Arbeit zum Sieg – diese und ähnliche Slogans begleiten das nordkoreanische Volk seit der Staatsgründung. Sie stehen auf Wänden, kehren wieder in Liedern und Ansprachen der Führer. Durch Herrn Kang spricht die Partei. Hat er selbst keine Sprache?

»Was ist denn letztlich das Ziel all der Arbeit?«, höre ich mich fragen.

Herr Kang blickt mich mit einem Ausdruck an, der schwer zu deuten ist. Desinteresse mag es sein, Unverständnis oder Missbilligung. Er schaut auf die Uhr. »Wir müssen weiter«, sagt er.

Revolution heißt hart arbeiten. Hart arbeiten führt zu Wohlstand. Wohlstand ist der Sinn von Revolution. Revolution heißt hart arbeiten. Ich höre alle Despoten der Welt, gleich welcher ideologischen Richtung, applaudieren.

Die für mich eindrücklichste Stätte, die wir zu sehen bekommen, liegt etwas südlich von Rajin. Der Wagen verlangsamt seine Fahrt und hält auf einem nahezu leeren Parkplatz mitten in einer Ebene. Durch das Autofenster sind zwei einstöckige Gebäudekomplexe zu sehen, die sich links und rechts neben der Straße hinziehen. Die Weiterfahrt ist durch Barrieren versperrt. Herr Kang verlangt unsere Pässe, er und Herr Lee steigen aus, wir sind mit dem Fahrer allein. Nach einer Weile steigt Yu-mi aus, ich folge ihr.

»Was ist denn das?«, fragt sie. »Hier ist doch keine Grenze?«

Ein Bauer, den wir vorhin überholt haben, nähert sich zu Fuß mit seinem Handwagen der Schranke. Er hat drei prall gefüllte Jutesäcke geladen, vermutlich Reis oder Mais. Er reicht ein Papier durch den Außenschalter, ein Uniformierter kommt aus dem Gebäude und besieht sich seine kleine Ladung, dann gibt er dem Bauern das Papier zurück. Ein schmaler Jugendlicher, ebenfalls uniformiert, der die ganze Zeit neben dem Schlagbaum gestanden hat, hebt diesen hoch. Nachdem er den Mann durchgelassen hat, greift er nach einer Kordel, die vom Schlagbaum herunterbaumelt, und holt diesen wieder herunter.

Auf der andern Seite der Schranke hat sich eine Schlange im Freien wartender Menschen gebildet. Sie werden einer nach dem andern abgefertigt. Einige junge Frauen nähern sich. Sie tragen Säcke auf den Schultern oder halten schwere Taschen in den Händen. Am Ende der Schlange stellen sie ihre Lasten ab.

»Ich fürchte, das *ist* eine Grenze«, sage ich.

Ein Offizier kommt über den Parkplatz, stellt sich vor uns auf, grüßt, besieht uns von unten bis oben, geht zurück zum Gebäude. Die Herren Kang und Lee haben inzwischen einen Passierschein für uns ausstellen lassen und bedeuten uns, die Fahrt könne weitergehen. Nun verstehen wir, weshalb man uns in Rajin gebeten hat, ein Passfoto anfertigen zu lassen. Unsere Pässe werden einbehalten. Wir werden sie bei der Rückreise an derselben Stelle wieder zurückbekommen.

»Hier muss die Sonderwirtschaftszone zu Ende sein«, sagt Yu-mi. »Die Einheimischen dürfen offenbar nur mit einer Bewilligung von einer Zone in die andere wechseln. So wie sie auch nicht einfach in die Hauptstadt fahren können. Die meisten waren nie in Pjöngjang oder haben höchstens einmal in ihrem Leben mit einer geführten Gruppe die wichtigsten Stätten der Revolution besucht.«

»Die meisten Bürger sind also nicht nur in ihr Land eingesperrt, sondern zusätzlich in eine ihnen zugewiesene Zone.«

»Die unterschiedliche Entwicklung der Wirtschaft dürfte der Grund sein. In das Gebiet, durch das wir gefahren sind, wird investiert. Hier wird ausländisches Geld angelockt. Bis hierher kommen Geschäftsleute aus China und Russland ohne Visum, ab hier braucht man ein Visum. Eigentlich kommen wir erst jetzt nach Nordkorea. Ich bin gespannt, wie sich die Unterschiede zwischen hier und dort bemerkbar machen.« Als der Wagen vor dem Schlagbaum hält und sich der junge Soldat über das eine Ende des Schlagbaums legt, um diesen hochzuheben, fügt sie hinzu: »Achtung, Sie verlassen die privilegierte Zone Rasŏn«.

»Willkommen in der Sonderarmutszone«, ergänze ich.

Nach rund hundert Metern hält der Fahrer erneut an. Herr Kang bittet uns, auszusteigen und das Gepäck mitzunehmen. Wir verlassen den Wagen. Die Führer stellen uns ein neues Team vor, das uns nun weiter begleiten werde, wiederum drei Herren, von denen zwei sichtbar sind. Vom dritten sind nur die Beine zu sehen, die unter einem weißen Kleinbus hervorschauen.

Als unsere bisherigen Begleiter sich verabschiedet haben, sagt der eine unserer beiden neuen Führer: »Der Fahrer nimmt zu Ihrer Sicherheit noch einen Check vor.« Sie sind ähnlich gekleidet wie Herr Kang und Herr Lee, dunkle Hose, dunkle Jacke, offenes Hemd, auf dem Revers glänzt einer der Kims auf der obligatorischen Anstecknadel. Yu-mi betrachtet den Kleinbus, der uns befördern soll, dann wirft sie mir einen Blick zu. Sie schaut unserem zur Zonengrenze zurückfahrenden schwarzen Toyota Highlander hinterher. Der Highlander wird in Asien eigentlich nur in Japan verkauft, werde ich später zu Hause im Internet lesen. Offenbar findet er auch seinen Weg in die privilegierten Zonen Nordkoreas. Ich ahne, dass wir einen schlechten Tausch gemacht haben. Das Gefährt vor uns, ein chinesisches Modell, sieht nicht danach aus, als würde es eine längere Fahrt überstehen.

Die neuen Führer, Mitte dreißig, kräftige Burschen, könnten Bauern sein. Sie haben etwas Bodenständiges an sich. Ihre Funktionen sind gleich verteilt wie beim ersten Team, Herr Chang ist wie zuvor Herr Kang der bestimmende Genosse,

Herr Rhee ihm beigeordnet. Wir stehen schweigend neben dem Kleinbus und schauen den Bäuerinnen und Bauern zu, die zu Fuß über die Grenze gehen, die einen von dieser, die andern von jener Seite her. Ihre Waren tragen sie selbst oder haben sie auf Fahrrädern befestigt. Einmal fährt ein Traktor vorbei, einmal ein Bus mit chinesischen Touristen. Nach einer halben Stunde kommt der Fahrer unter dem Wagen hervor, putzt seine Hände an einem Lappen ab, nickt uns grinsend zu und versorgt das Werkzeug im Heck.

Ich fasse sogleich Vertrauen zu ihm. Die Situation erinnert mich an früher, als wir auf unseren Reisen durch Europa Werkzeug, Keilriemen, Öl und Zündkerzen mitnahmen und überzeugt waren, jede Panne selbst beheben zu können. Ich zweifle nicht daran, dass unser Fahrer, Kind einer Mangelwirtschaft, in der Ersatzteile fehlen, sich mit seinem handwerklichen Können jeder Lage gewachsen zeigen wird.

Wir steigen ein. Als wir losfahren, blicke ich nochmals zur Grenzstation zurück. Sie beschränkt den freien Warenverkehr innerhalb der Provinz Hamgyŏng-pukto und schließt Bürgerinnen und Bürger aus dem wohlhabenderen Teil aus. Sie teilt den Staat in zwei Teile, einen armen und einen noch ärmeren. Diese Stätte sagt mehr über die gegenwärtigen politischen Verhältnisse im Land aus als alle Erinnerungsorte an die Revolution, die wir bisher zu Gesicht bekommen haben.

Im Kurhotel

Nacht, schwarz wie nie eine Nacht zuvor. Vollkommenes, tiefes Dunkel. Kein auch noch so feines Schimmern liegt auf dem Fenstersims, kein wie auch immer gearteter Dämmer dringt von draußen herein. Der Himmel war am Abend mit dichten Wolken überzogen. Kein Mond, keine Sterne. Im Hotel sind die Lichter gelöscht, es gibt kein Standby, keine Nachtlampe, kein Lichtstrahl, der vom Korridor her durch das Schlüsselloch fiele. Auch kein Ton ist zu hören außer dem Ticken der Uhr an der Wand. Die Welt ist abwesend. Bis auf Hüfte und Schulter. Sie schmerzen. Das Lager ist hart. Im Dunkeln habe ich es abgetastet, ein dickes Holzbrett, darauf eine dünne Schaumstoffunterlage. Eine abgewetzte Steppdecke ohne Bezug über dem Körper. Sie riecht nach Rauch.

Eigentlich ist es ein Kurhotel, in dem wir untergebracht sind. Es liegt versteckt hinter Bäumen. Dichtes Efeu rankt sich die Fassade hoch. In solchem Ambiente würde man bei uns eine prächtige Hotelanlage mit Park, einladendem Aufgang und einem Balkon vor jedem Zimmer erwarten. Dieser doppelstöckige Bau ist funktional angelegt, lang gestreckt, mit großen, fast quadratischen Fenstern. Man tritt über eine kleine Treppe ein und befindet sich in einem Entree von verblichener

Herrschaftlichkeit. Die Fliesen auf dem Boden sind abgelaufen, über die Wände ziehen sich Flickstellen und Risse. Aber Kim und Kim im Rahmen über der Theke lachen zuversichtlich und zeigen Zähne, weiß wie aus einer Zahnpastareklame.

Bei unserer Ankunft kümmerte sich das Empfangspersonal, alles Männer, um das Gepäck und geleitete uns zu unseren Zimmern mit einer Beflissenheit, die mich misstrauisch stimmte, weil sie den Gast nicht nur entlastet, sondern auch davon abhält, einen Weg zu gehen, der für ihn nicht vorgesehen ist. Vor dem Zimmer händigte man uns den Zimmerschlüssel mit hölzernem Nummernschild aus, dann war ich allein. Allein in einem subtropischen Klima. Der Raum war schwülwarm, angefüllt mit Dampf, der aus dem Badezimmer quoll und sich an den Wänden des Zimmers als feuchter Film niederschlug. Über der Zimmertüre tickte eine Wanduhr; es war 18.30, in einer halben Stunde war Nachtessen.

Quelle des Dampfs war die Badewanne, gefüllt mit über vierzig Grad heißem Wasser. Was sollte ich mit einer Badewanne voll viel zu heißem Wasser, wo ich frisch aus dem gleich in der Nähe liegenden öffentlichen Bad kam? Eine Schöpfkelle und ein rundes rotes Becken, beides aus Plastik, standen am Boden. Damit konnte man sich waschen. Man musste bloß warten, bis die Temperatur des Wassers in der Badewanne etwas abgekühlt war. Ich öffnete die beiden Hähne darüber, um die Wärme zu regulieren, doch aus ihnen floss kein Wasser. Es empfiehlt sich, nicht allzu stark an ihnen zu drehen, denn sie sind aus Hartplastik und bloß ins Rohr gesteckt, an der Stelle umgeben von einer grünlichen Paste zur Abdichtung. Auch aus dem weißen Hahn aus demselben Material, der über dem Waschbecken aus der Wand ragt – ein zweiter ist wegmontiert, ein Loch klafft an seiner Stelle – war kein Wasser zu bekommen. Vorsorglich hatte man eine Thermosflasche mit frischem Wasser auf den Nachttisch gestellt, das wohl zum Zähneputzen dienen sollte oder dafür, den Durst zu löschen.

Wie ich schlaflos auf dem hölzernen Bett liege, kommen mir die Satellitenfotografien in den Sinn, welche die koreanische Halbinsel bei Nacht zeigen. Darauf sieht man dort, wo Nordkorea liegt, eine große dunkle Fläche, bloß gegen die südliche Grenze zu ist ein kleines Fleckchen Licht zu erkennen, Pjöngjang. Das umliegende China dagegen ist von hellen Punkten durchsetzt und Südkoreas Hauptstadt leuchtet wie eine Feuerwerksrakete, die ihren Funkenregen über den gesamten Südteil der Halbinsel samt den dazugehörigen Inseln aussendet. Die Aufnahmen müssen in der Regel dazu herhalten, die euphorischen Eigendarstellungen des nordkoreanischen Regimes Lügen zu strafen. In der jeweiligen Bildunterschrift sitzen die westlichen Kommentatoren über den Schuldigen zu Gericht; es braucht nicht mehr als einen Klick aus großer Höhe, um Nordkorea seiner Rückständigkeit zu überführen. Als wäre die Lichtverschmutzung eine der bedeutenden Errungenschaften der modernen Zivilisation, ein Maßstab für Fortschrittlichkeit, Aushängeschild jedes anständigen Staates.

Ich drehe mich auf die andere Seite. Nach kurzer Zeit schmerzen die linke Hüfte und die linke Schulter. Den Überwurf habe ich der Länge nach gefaltet und mich darauf gelegt; nun fröstle ich. Die Temperatur hat sich abgekühlt, der Dampf hat sich längst verzogen. Ich falte die Steppdecke wieder auf, lege mich auf ihre eine Hälfte und decke mich mit der anderen zu. Die schmerzenden Knochen und das Frösteln halten mich gemeinsam wach. Die Uhr tickt. Wie spät mag es sein?

Nach dem Abendessen, als ich wieder ins Zimmer kam und mich auf das Zubettgehen vorbereitete, war ich mehrmals gegen den Fernseher gestoßen. Das schätzungsweise aus den sechziger Jahren stammende Röhrenungetüm steht auf dem Boden, kaum einen Meter vom Bett entfernt. Der Bildschirm, eingefasst von dunkelbraunem Laminat, ist gegen das Fußende des Bettgestells gerichtet, zuverlässig dem Blick entzogen. Ein Kabel schlängelt sich von der Rückseite des Geräts quer durch das Zimmer über den Teppich zu einer Steckdose; zweimal stolperte ich darüber. Argwöhnisch drückte ich auf seine Tasten. Was brauchte es mich zu kümmern, ob er lief, wenn er so stand, dass sein Bild nicht zu sehen war? Dennoch, ich probierte seine Tasten durch. Er blieb stumm. Vielleicht brauchte seine Beseitigung eine Anordnung von oben. Wer wäre dafür zuständig, die Leitung des Hotels? Die Partei? Welche Zelle oder Kammer der Partei? Jedenfalls haben die allfälligen Entscheidungsträger den Kontakt zu diesem Raum definitiv verloren. Ich liege im tiefen Dunkel der nordkoreanischen Nacht. Sollte Marschall Kim Jong-un einmal hier übernachten wollen, empfinge in wenigen Monaten ein frisch renoviertes Haus die Gäste mit weichen Betten und intakten Leitungen.

Die Uhr tickt.

Wie spät ist es? Bestimmt noch nicht einmal Mitternacht. Der Lichtschalter ist neben der Tür angebracht, ich mag jetzt nicht aufstehen. Ich beuge mich zu meiner Reisetasche hinunter, die neben dem Bett steht, grabe nach der kleinen Taschenlampe, die ich auf Reisen stets bei mir habe, und richte ihren Strahl zur Wanduhr. Sie zeigt noch immer 18.30 Uhr an. Die Zeiger haben sich seit dem Abend nicht bewegt. Jemand muss sie eingestellt haben, kurz bevor ich das Zimmer betrat. Seither haben sie sich nicht von der Stelle gerührt. Die Uhr tickt, doch sie geht nicht mit der Zeit. So wie der ganze Staat. Er arbeitet, er sucht das Gespräch mit Südkorea, mit den Vereinigten Staaten, er richtet seine Hauptstadt zur internationalen Metropole her, entwickelt sein Atomprogramm mit voller Kraft. In der Hauptstadt weiht der Führer jedes Jahr ein neues Quartier ein; auch in anderen Städten werden Gebäude errichtet, wird repariert, und auf den Feldern wird angebaut. Und doch steht der Staat politisch und gesellschaftlich still. Die Zeit außerhalb Nordkoreas ist fortgeschritten, im Land dreht sie sich im Kreis. Nordkorea hat einen eigenen Kalender in der Chuch'e-Zählung, die auf das Geburtsjahr Kim Il-sungs 1912 zurückgeht. Es gibt sich seine eigene Zeit. Es ist die aus den sechziger Jahren, wo so vieles zusammenstimmte und man auf gemeinsame Ziele zusteuerte. Die Verlautbarungen der Führung, die Lieder, die in den Schulen gesungen werden, die Parolen an Stelltafeln und Mauern nehmen noch immer in derselben Weise Bezug auf das Damals. Aber auch dieses rückt weiter und weiter weg, rückt in das Dunkel der Geschichte.

Dass wir am Nachmittag ein Spa besuchen sollten, hatte uns niemand gesagt. Auf einmal standen wir in einem schmalen, schwach beleuchteten Korridor mit ebenfalls schmalen Türen, die sich auf beiden Seiten im Abstand von vielleicht drei Metern folgten. Der Kleinbus hatte am Rand der Stadt Kyŏngsŏng vor einem einstöckigen Gebäude angehalten. Von der kleinen Vorhalle aus führte ein Eingang in das Volksbad, das seit 1946 betrieben wird. Wir wurden durch den separaten Korridor zu den Zweierkabinen geführt. Herr Chang öffnete die Tür zu einer der Kabinen und hieß Yu-mi eintreten. Mir machte er die nächste Tür auf. Aus dem Inneren quoll uns dichter Dampf entgegen.

»Was soll ich hier?«, fragte ich.

»Ein Bad nehmen«, hörte ich über meine Schulter die Antwort. »Erst nehmen Sie eine Dusche, steigen in das rechte Becken, und wenn Sie mögen, wechseln Sie in das andere, wo das Wasser noch heißer ist.«

Hinter mir schloss sich die Tür, der Atem blieb mir einen Moment weg. Ich fand mich eingeschlossen in einem engen weiß gekachelten Raum, allein im dichten Dampf, der alles nur in Umrissen erkennen ließ. Ein dunkles Viereck auf beiden Längsseiten deutete auf einen Eingang in je einen weiteren Raum hin. Auf dem Boden ein gelbes Plastikbecken, darin ein winziges weißes Frottiertuch. Ein Wandkasten mit drei kleinen Fächern für die Kleider. Kein Stuhl, keine Dusche. Bloß raus aus Windjacke, wattierter Weste, Pullover und all dem Zeug!

Ich stopfte die Kleider in die Wandfächer und bewegte mich durch den Dampf vorsichtig in den rechten Raum. Eine eingemauerte Badewanne voll heißes Wasser nahm ihn beinahe ganz ein, weiße Kacheln, darauf blaue Punkte. Sie wirkte in der karg-nüchternen Umgebung beinahe übermütig. Als ich hineinsteigen wollte, zuckte ich zurück; ich hatte mir fast den Fuß verbrannt. Das war wohl die heißere Variante. Ich wechselte in den Raum auf der anderen Seite, der spiegelverkehrt genauso aussah. Ich tauchte die Hand in die Wanne, zuckte wiederum zurück – das Wasser war womöglich noch heißer. Ich ging wieder in Raum eins, tauchte den Fuß langsam ein, zog ihn wieder zurück. Nichts zu machen; kaltes Wasser gab es keins. Offenbar mutete man den Badegästen das heiße Wasser zu. Mutig ließ ich Zentimeter für Zentimeter mein Bein in die Wanne gleiten, zog das andere nach. Beim Eintauchen des Unterleibs war ich sicher, meine Männlichkeit für immer eingebüßt zu haben. Später erfuhr ich, dass die Wassertemperatur im Onpho Hot Spa 45 Grad Celsius betrage. Es gab nicht eine wärmere und eine kältere Wanne, vielmehr war beider Wasser gleich heiß; die Zellen waren eigentlich für zwei Gäste gedacht. Herr Chang schien über das Innere und seine Einrichtung nicht ganz im Bild zu sein. Vermutlich war er selbst nie in den Genuss eines heißen Bads gekommen.

Ich ahnte nicht, dass mir das Schwierigste erst noch bevorstand. Als ich mich mit dem Frottierlappen abtrocknete, wuchsen die Tropfen an meinem Leib andauernd von innen nach. Ich war zu einem Teil des Dampfs geworden, verfloss mit ihm in der feuchtheißen Wolke. Es schien mir unmöglich, ein Hemd anzuziehen. Unmöglich? In einem Land, in dem das Improvisieren zum Alltag gehört? In jeder Situation wurde hier Unmögliches möglich gemacht, das war die permanente Herausforderung. Ich verließ die Dampfzelle in durchfeuchteten Kleidern, in der Hand Jacke, Weste und Socken, wie ein von der Ankunft des Hausherrn überraschter Liebhaber, der sich aus dem Schlafzimmer der Geliebten stiehlt.

Während ich mich auf einer Holzbank in der Vorhalle fertig anzog, erzählte mir Herr Chang, wie der Sage nach die Heilkraft der Quelle, die der Badeanlage Onpho Hot Spa das Wasser liefert, entdeckt worden war. Ein junger Mann beobachtete einen lahmenden Kranich, der sich regelmäßig an der Quelle einfand und sein Bein in das Wasser tauchte, bis er eines Tages geheilt davonstelzte. Daraufhin führte der Mann seine Mutter zur Quelle und bat sie, ihren schmerzenden Fuß in das Wasser zu tauchen. Nach wenigen Tagen verschwanden ihre Schmerzen. Dank der Beobachtung des Sohnes sei ihr Fuß gesund geworden. Herr Chang unterhält uns gerne mit Legenden. Stets wohnt ihnen eine didaktische Absicht inne, und oft stehen sie in Zusammenhang mit einem der Kims. In einer der Geschichten, die er uns erzählte, ist die Hauptperson ebenfalls ein Sohn, diesmal ist es Kim Jong-il, als er fünf Jahre alt ist. Kim Jong-il beobachtete, dass die Hühner nach dem Wassertrinken den Kopf heben. Seine Mutter Kim Jong-suk fragte ihn nach dem Grund. Nach zwei Tagen kam er mit der Erklärung: Die Hühner haben eine zu kurze und zu harte Zunge, um das Wasser direkt aufzunehmen. Sie müssen den Kopf heben, um es nach hinten rinnen zu lassen. Kluges Kind! Es ist eine der unzähligen Geschichten, mit denen nordkoreanischen Kindern schon früh beigebracht wird, die außergewöhnlichen Qualitäten ihrer Führer zu bewundern.

Plötzlich ist es taghell im Zimmer. Die Bäume stürzen auf das Fenster zu wie die vornübergebeugten Soldaten der nordkoreanischen Armee auf Schwarzweißbildern aus dem Koreakrieg. Ein Donnerschlag lässt die Wände erzittern. Dann fällt alles zurück in die Finsternis. Ohne Ankündigung hat sich direkt über uns ein Gewitter aufgebaut, das sich mit ganzer Gewalt entlädt. Blitze und Donner in kurzer Folge. Heftiger Regen setzt ein. Ich spüre, wie mein Lager am unteren Ende nass wird. Der Regen dringt durch die undichte Fassung des Fensters ein und tropft auf die Decke, die unten schnell durchnässt ist. Auf dem Linoleumboden unter dem Fenster bildet sich eine Pfütze. Ich erhebe mich, rücke das Bett von der Wand weg, stelle die Tasche auf das zweite Bett im Zimmer und versuche auf dem harten Lager endlich einzuschlafen.

Am frühen Morgen weckt mich ein Plätschern im Bad. Dort läuft, wie von Geisterhand gelenkt, heißes Wasser in die Wanne. Nach einer Weile versiegt der Wasserfluss. Da hat das ausgekühlte Wasser von gestern zusammen mit dem neuen eine für mich ideale Badetemperatur erreicht. Vorübergehend genieße ich mein Fünfsternebad. Danach gibt es kein fließendes Wasser mehr.

»Haben Sie meinen Weckruf nicht gehört?«, fragt mich Herr Chang beim Frühstück.

»Weckruf?«

Er habe um sieben Uhr angerufen, aber ich hätte das Telefon nicht abgenommen.

»Ich habe keinen Anruf bekommen.«

Seine Miene verrät, dass er mir nicht glaubt. Nach dem Frühstück schaue ich nach, wo im Zimmer das Telefon steht. Auf dem Nachttisch nicht, auf dem Fernseher nicht, auf der Gepäckablage nicht, auch nicht an der Wand. In diesem Zimmer gibt es kein Telefon. Wenn Herr Chang einen Weckruf gestartet hat, und ich habe keinen Grund, daran zu zweifeln, war es ein Phantomanruf. So wie es einen Phantomfernseher gibt und eine Uhr, die eine Phantomzeit anzeigt, und Wasserhähne, die von sich aus lossprudeln. Ich kneife mich in die Wange. Sie ist echt.

Die unglücklichen Jahre

Der Gewitterregen hat den Hang ins Rutschen gebracht. Die Straße ist durch einen mannshohen Kegel aus Schlamm und Steinen blockiert. Ein gutes Dutzend Leute, Männer und Frauen, junge und alte, sind daran, die Straße freizulegen. Sie arbeiten mit Schaufeln und langstieligen Schabern, einige mit Pickeln. Die Schaber sind in einfachster Weise konstruiert, vorne ein glattes Brett, mit zwei Holzstreben am Stiel stabilisiert, grob gezimmert. Menschliche Arbeitskraft ersetzt hier das schwere Baugerät, das notwendig wäre.

Als die eine Fahrspur behelfsmäßig geräumt ist, holpert unser Kleinbus an den Menschen vorbei, die in Pelerinen und Stiefeln oder meist Halbschuhen und Hüten im Einsatz sind. Niemand beachtet den Kleinbus. Auch sie nicht, die mit ihrem Schaber konzentriert Erde wegzuschieben versucht. Ich sehe ihr Gesicht im Profil. Ihr Haar ist halb verdeckt durch die Kapuze ihres Umhangs. Eine schwarze Strähne fällt ihr über die Stirn. Ich hebe den Fotoapparat, um ein Bild von ihr und dem Einsatztrupp zu machen, da legt sich die Hand Herrn Changs auf meinen Arm. Es sei nicht gestattet, Leute bei der Arbeit aufzunehmen.

Sie ist einige Jahre jünger als die Frau, die unser Toyota Highlander auf der aufgerissenen Straße bei Rajin beinahe gestreift hätte, ich schätze sie auf Mitte vierzig. Ihre Wangenknochen treten etwas stärker hervor, ihr Gesicht ist länglicher. Es wirkt verschlossen. Nein, eher entschlossen. Ernst, bestimmt, aber nicht hart. Zur Zeit der großen Hungersnot in den neunziger Jahren muss sie in der Pubertät gewesen sein. Seitdem hat sie weitere Lebensmittelkrisen erlebt. Ihr Land ist von Lebensmittelimporten abhängig, nach wie vor vernichten Dürre, Hagel und Regen einen Teil der Ernte. In den vergangenen Jahren sind die Ernteausfälle schlimmer geworden; der Klimawandel macht sich in Nordkorea deutlich bemerkbar. Was spürt sie davon? Ich werde die Frage zu Hause an wirtschaftliche Kennziffern, Statistiken, Berichte von Hilfsorganisationen richten; sie werden an ihrer Stelle reden. Jedenfalls weiß sie um die Ernährungsprobleme ihres Landes, erfährt sie am eigenen Leib. Die offiziellen Nachrichtenorgane Nordkoreas, die vor allem positive Meldungen verbreiten, machen ihr nichts vor. Aber wenn sie im Juli 2018 die Meldung im Parteiorgan *Rodong Sinmun* gelesen hat, die Bevölkerung müsse den Gürtel bald enger schnallen, ahnt sie, dass die Lage ernst sein muss.

Schon in der zweiten Hälfte des Jahres 2017 hatte das Regime in Pjöngjang die tägliche Lebensmittelration von 400 Gramm pro Person auf 300 Gramm verringert und das eigene Ziel von 573 Gramm drastisch verfehlt. Die Bevölkerung bekommt damit nur gerade die Hälfte der 600 Gramm, die das Welternährungsprogramm der UNO als minimalen Standard festlegt.

Fünf Jahre hintereinander sind die Ernten um rund 500 000 Tonnen hinter den Vorgaben zurückgeblieben, die das System sich selbst gesetzt hat. Schon die Dürre im Frühjahr und Sommer 2017 vernichtete 1,7 Prozent der veranschlagten Ernte von Reis, Mais und Kartoffeln.

Wird dieses Jahr besser werden? Der Reis in den Ebenen und der Mais an den Hängen werden gerade geerntet, während wir durch das Land fahren. Es sieht nach einem guten Jahr aus. Der Schein trügt. Ende des Jahres wird die Bilanz vernichtend sein, wie ich später lesen werde. Gemäß den staatlichen Zahlen weisen die Ernteerträge 2018 den niedrigsten Wert seit zehn Jahren auf und liegen noch neun Prozent unter denen des Vorjahres. Die Ernährungs- und Landwirtschaftsorganisation FAO schätzt den Rückgang sogar auf zwölf Prozent. Die Maisernte allein wird wegen der anhaltenden Trockenheit um fast die Hälfte zurückgegangen sein.

Im Mai 2019 werden die Medien weltweit ausführlich auf den Bericht eingehen, den das Welternährungsprogramm WFP und die FAO gemeinsam veröffentlicht haben. Er stützt sich unter anderem auf Befragungen in privaten Haushalten. Es sieht nicht gut aus für jenen Teil der Bevölkerung, dem die Frau vor dem Wagenfenster angehört. Der Bericht spricht von Unterernährung und dringender Lebensmittelhilfe für zehn Millionen Nordkoreaner, nicht nur in Städten, sondern auch in ländlichen Gegenden. In den Kommentaren ist die Rede von einer erneuten Hungersnot.

Als das Land noch über Devisen verfügte, konnte es Nahrungsmittel aus dem Ausland zukaufen. Doch die Sanktionen der UNO und die Uneinsichtigkeit der Regierung in Pjöngjang haben den Spielraum drastisch begrenzt. Nach dem Scheitern des nordkoreanisch-amerikanischen Gipfels in Hanoi im März 2019 lässt Pjöngjang verlauten, man werde dem internationalen Druck nicht nachgeben, auch wenn das Volk »nur Wasser und Luft« zum Überleben habe. Das ist der alte Trotz von Kim Il-sung, das klingt nach den alten Durchhalteparolen, die stets auf Kosten derselben Menschen geht, Leuten in kleineren Städten oder auf dem Land. Leuten, die nicht in Partei oder Militär höhere Ämter bekleiden. Wasser und Luft – die Frau wird schon nahe an diesem Limit sein, nur 300 Gramm Lebensmittel am Tag trennen sie davon.

Wie geht es ihr? Sie kann meine Frage nicht hören. Sie schiebt mit dem Schaber durchweichte Erde von der Straße. Der junge Mann, der mit bloßen Händen Steinbrocken zum Hang zurückwirft, könnte ihr Sohn sein, auch er hat hohe, ausgeprägte Wangenknochen in seinem schmalen Gesicht. Sie hängt in Gedanken vielleicht dem nach, was er ihr erzählt hat. Er hat eine illegale Sammlung von DVDs angelegt, hört Musik aus Südkorea, schaut sich Filme aus China an. Er hat eine Ahnung davon, wie Jugendliche in anderen Ländern leben. Dass sie ihre Zeit nicht damit zubringen müssen, mit primitivem Werkzeug Dreck von der Straße wegzuräumen, und nicht in Sorge darüber leben, wie sie von Tag zu Tag etwas zu essen bekommen. Er glaubt längst nicht mehr an das, was er jeden Tag hört – dass Nordkorea das beste und glücklichste Land der Welt sei. Er kennt die Wahrheit, doch er ist mit der Wahrheit allein, nur mit ihr spricht er manchmal darüber. Nach außen tut er so, als glaube er der Staatspropaganda aufs Wort, doch sein Leben führt er, das merkt sie, jenseits der offiziellen Parolen. Er lässt die Partei Partei, den Führer Führer sein und weiß, sie zu kritisieren hat keinen Sinn, die Überwachung durch die Staatssicherheit ist lückenlos, man kommt nicht gegen sie an.

Ob er seinen Freunden so weit traut, dass er mit ihnen über Politik redet? Er wird zumindest spüren, dass auch zwischen ihrem Denken und ihrem Tun eine Kluft ist. Wenn diese Kluft aus den Herzen der jungen Generation einmal ausbricht, nach außen dringt, wenn sie manifest würde, könnte sie eines Tages dazu führen, dass die glatte Fassade des Regimes Sprünge bekommt. Sie weiß, solange das Schweigen andauert, richtet es sich gegen die Menschen selbst, zerstört sie, macht sie zynisch. Sie hat dem, was ihr Sohn sagt und denkt, nichts entgegenzusetzen, und das ist die schrecklichste Prüfung ihres Lebens. In allen Prüfungen bisher konnte sie sich zur Wehr setzen, konnte hart arbeiten, durch Geschick etwas dazuverdienen, Waren tauschen, weniger essen, noch härter arbeiten. Gegen die schleichende Resignation ihres Sohns ist sie machtlos. Es gibt keinen Schutz, keine Nahrung, keinen Trost dagegen. Sie ist ihr ausgeliefert. Allmählich ergreift die Resignation auch von ihr Besitz.

Mitte April 2019 wird Kim Jong-un vor dem nordkoreanischen Parlament von »Problemen mit der Ernährung und mit Konsumgütern« sprechen. Ungewöhnlich deutliche Worte eines nordkoreanischen Führers. In der Weltöffentlichkeit wird es kein großes Echo auslösen. Kritiker des Regimes im Ausland sehen in den Warnungen aus Pjöngjang bloß ein politisches Manöver, um Stimmung gegen die UN-Sanktionen zu machen. Um vom Atomprogramm abzulenken. Sie verweisen auf die mit Repräsentationsbauten prahlende, mit Luxusgütern gut versorgte Hauptstadt. Doch das privilegierte Pjöngjang ist für Leute wie diese Frau, die sich inmitten ihres Trupps an der heruntergerutschten Erde abarbeitet, so weit weg wie Seoul oder Hongkong. Was im Land wirklich passiert, entgeht den Kommentatoren. Sie beschränken sich darauf, die von WFP, FAO und anderen Hilfsorganisationen entworfenen Schreckensszenarien mit einer gewissen Häme in Beziehung zum luxuriösen Leben des Kim-Clans zu bringen. Eine zynische Form der Verharmlosung, die selbstgerecht im Gewand einer Herrschaftskritik daherkommt.

Hilfslieferungen an den nordkoreanischen Staat sind zwar von den internationalen Sanktionen ausgenommen, doch sie fließen spärlich. Tatsächlich ist es nicht verlockend, Hilfsgüter in ein Land zu liefern, das keinerlei Einblick gewährt, was mit den Nahrungsmitteln passiert, ob sie bei den Bedürftigen landen oder nicht vielmehr bei der Armee.

Die Bevölkerung sitzt in diesem Geschacher in Geiselhaft. Die Regierung verlangt in ihrem Namen, im Namen der Unterernährten Hilfe, die sie nach ihrem Gutdünken verteilt. Auch wenn sie die tägliche Ration, die monatlich neu angepasst wird, mal etwas erhöht, ist die Notlage nicht behoben. Die internationale Gemeinschaft ihrerseits verhängt ihre drastischen Sanktionen gegen die Regierung, trifft aber die Menschen im Land. Nach dem Welthungerindex 2019 liegt Nordkorea auf Platz 92 von insgesamt 117 Ländern. Daran dürfte sich in absehbarer Zeit nicht viel ändern.

Wie geht es ihr? Sie schiebt und schiebt. Sie ist nicht eine, die man fragt.

Auf der Fahrt

Nachdem wir die Abrutschstelle hinter uns haben, will uns Herr Chang einige Informationen zum heutigen Reiseziel, dem Ch'ilbo-Gebirge, geben. Er beugt sich von seinem Sitz aus nach vorn zu Yu-mi und mir. Die Sitzordnung ist nach dem Teamwechsel die gleiche geblieben: Auf der hinteren Bank sitzt Herr Chang, auf dem Beifahrersitz Herr Rhee, der Platz der Gäste ist zwischen ihnen auf der vorderen Sitzbank. Yu-mi winkt sogleich ab, als Herr Chang zu sprechen beginnt. Seine Worte sind nicht zu verstehen, sie gehen im Geratter des Wagens unter. Der Zustand der Straße hat sich seit der landesinternen Grenze merklich verschlechtert. Wir sind auf der Hauptverkehrsader zwischen dem nördlichen Landesteil und dem Süden unterwegs, einer Staubstraße, durchsetzt von Löchern und Querrinnen, die Ränder nicht befestigt.

Der Fahrer fährt wie ein Henker, ungeachtet des Straßenzustands, ein Höllenritt. Die Sitzfederung ist durchgesessen, die Schläge von unten erfolgen ungefiltert im Sekundentakt; für den Rücken ist es die wahre Folter. Die Sitzgestelle zittern, die Scheiben klirren. Was sich im Wagen befindet, fällt während der Fahrt regelmäßig zu Boden und muss wieder an seinen Ort gestopft werden, Wasserflaschen, Taschen, Jacken,

Reiseführer. Verschnaufsekunden bieten lediglich die aus Beton gegossenen Brücken, aber auch auf ihnen hält das Geschepper an. Rechts und links der Straße liegt der von den Wagen aufgewirbelte Staub bis weit abseits auf Feldern und Büschen. Die Menschen sind ihm wehrlos ausgesetzt.

Die Straße führt parallel zur Küste. Immer wieder öffnen sich überwältigende Ausblicke auf das zerklüftete, mit kleinen vorgelagerten Inseln durchsetzte Meer. Kein Mensch ist in den Buchten und an den kleinen Stränden zu sehen, das Ufer ist auf weite Strecken mit Stacheldraht abgesperrt. Denselben Anblick boten bis vor einem Jahrzehnt auch lange Abschnitte der Küste Südkoreas, die militärisches Sperrgebiet und für Anwohner und Touristen unzugänglich waren.

Ich wage den Versuch, Herrn Chang auf die Absperrungen anzusprechen.

»Sie dienen dem Schutz der Bevölkerung«, sagt er.

»Schutz durch die Armee?«, fragt Yu-mi nach.

»Armee?« Herr Chang wirkt überrascht. »Nein, das sind Vorsichtsmaßnahmen. Überall gibt es Stellen, wo die Strömung gefährlich ist oder wo sich Felsen unter der Oberfläche verbergen.«

Man erfährt die Wahrheit über dieses Land nicht durch Fragen, denke ich. Man muss hingucken, beobachten, die einzelnen Eindrücke zu einem ungefähren Ganzen zusammensetzen. Fragen führen zu Unverständnis wie die nach der Bedeutung der Revolution oder zu Scheinantworten wie die nach der stillgelegten Raffinerie bei Rajin oder zu Umdeutungen wie diese jetzt.

Von Zeit zu Zeit queren wir Hügelzüge, blicken von ihrem Rücken auf weite Ebenen, golden überzogen vom Kleid der reifen Reispflanzen. Die Straßenränder werden von einem lila

Band blühender Cosmea eingefasst. Wunderschöne Aussichten tun sich vor uns auf wie auf Gemälden aus dem frühen 19. Jahrhundert. Keine Hochhäuser, keine Industriebauten, keine Autobahnen. Die Dörfer sind an die Hänge geschmiegt, blaue und graue Dächer, um sie herum kleine Gärten. Entlang der Reisfelder, als natürlicher Mantel, ziehen sich Pflanzungen von Sojabohnen. An weniger zugänglichen Hanglagen steht Mais.

Die Hänge und Kuppen der westlich gelegenen Bergzüge, die aus dem Landesinnern aufragen, sind weitgehend kahl, eine Folge der Abholzungen in der Zeit der Hungersnot. Noch heute wird zum Teil mit Holz geheizt; man sieht Leute Äste hinter sich herziehen oder auf dem Rücken tragen. Herr Chang sagt auf unsere Feststellung indes, hauptsächlich werde mit Gas, Kohle oder Elektrizität geheizt. Zwei Sichtweisen – wir weisen auf den Mangel hin, er sieht den Fortschritt. Was die Städte betrifft, hat er wohl recht. Wie auch immer, man mag sich die Verhältnisse im Winter, wo es um die minus 25 Grad Celsius kalt wird, in den Häusern mit dünnen Wänden und einfach verglasten Fenstern nur ungern vorstellen.

Dort, in den unwirtlichen Berggebieten des Nordens, liegen einige der berüchtigten Internierungs- und Straflager, über die kaum etwas an die Öffentlichkeit dringt. Das US-amerikanische Komitee für Menschenrechte in Nordkorea schätzt in seinem Bericht von 2012 die Anzahl Internierter auf 80 000 bis 120 000; frühere Schätzungen gingen von doppelt so vielen Gefangenen aus. Der Bericht stützt sich auf Satellitenfotos und Aussagen von Geflüchteten. Die Lager gehören zusammen mit dem Atomprogramm zu den striktesten Tabus Nordkoreas. Die Regierung streitet ihre Existenz rundweg ab. Informationen über ihre Anzahl und Größe sind ebenso spärlich wie über das, was sich darin an täglichen Grausamkeiten, Folter und Unterdrückung abspielt. Fünf sollen es noch sein, angelegt als dorfähnliche Siedlungen auf großen Landflächen. Stellvertretend für die Schrecken, von denen geflüchtete Häftlinge berichten, sei hier aus dem Dokument »Die zehn Gesetze des Lagers 14« zitiert, das wir einem von ihnen verdanken. Der Häftling musste, wie alle Gefangenen, die zehn Gebote des Lagers auswendig lernen und sie regelmäßig vor den Wächtern wiederholen.

1. Versuche nicht, zu fliehen.
   Jeder, der bei einem Ausbruchsversuch gefasst wird, wird auf der Stelle erschossen.
   Jeder Zeuge eines Ausbruchsversuchs, der diesen nicht anzeigt, wird auf der Stelle erschossen. [...]
2. Es dürfen niemals mehr als zwei Häftlinge beieinanderstehen.
   Jeder, der es versäumt, sich von einem Wärter die Erlaubnis erteilen zu lassen, eine Gruppe mit mehr als zwei Häftlingen zu bilden, wird auf der Stelle erschossen.
   Wer unbefugt das Dorf der Wärter betritt oder wer öffentliches Eigentum beschädigt, wird auf der Stelle erschossen. [...]
3. Du sollst nicht stehlen.
   Wird bei einem Häftling eine Waffe gefunden oder wird ein Häftling beim Stehlen einer Waffe auf frischer Tat angetroffen, so wird er auf der Stelle erschossen. [...]
   Jeder, der Lebensmittel stiehlt oder versteckt, wird auf der Stelle erschossen. [...]

4. Den Wärtern ist bedingungslos zu gehorchen.
Wer gegen einen Wärter böse Absichten hat oder ihn körperlich angreift, wird auf der Stelle erschossen.
Wer nicht erkennen lässt, dass er mit den Anweisungen eines Wächters bedingungslos einverstanden ist, wird auf der Stelle erschossen. [...]
Wer einem Wärter begegnet, muss sich vor ihm ehrerbietig verbeugen.
5. Wer eine flüchtende oder verdächtige Gestalt sieht, ist verpflichtet, sie umgehend anzuzeigen.
Wer einen Flüchtling versteckt oder beschützt, wird auf der Stelle erschossen.
Wer das Eigentum eines Flüchtlings besitzt, mit ihm konspiriert oder ihn nicht anzeigt, wird auf der Stelle erschossen.
6. Die Häftlinge müssen sich gegenseitig beobachten und jedes verdächtige Verhalten unverzüglich anzeigen.
[...] Die Rede und das Verhalten anderer Häftlinge müssen scharf beobachtet werden. Wenn irgendetwas einen Verdacht erregt, muss unverzüglich ein Wärter informiert werden.
Die Häftlinge müssen gewissenhaft an den Versammlungen des ideologischen Kampfs teilnehmen, und sie müssen andere und sich selbst schonungslos beurteilen.
7. Die Häftlinge müssen mehr tun, als die täglich zugeteilte Arbeit zu verrichten.
Häftlinge, die ihre Arbeitsnormen nicht einhalten oder die aufgetragene Arbeit nicht beenden, zeigen damit, dass sie unzufrieden sind, und werden auf der Stelle erschossen. [...]

Die Erfüllung der Arbeitsnorm bedeutet das Abwaschen von Sünden und zugleich eine Wiedergutmachung gegenüber dem Staat für die Vergebung, die er gewährt hat. [...]

8. Außerhalb des Arbeitsplatzes ist eine Mischung der Geschlechter aus persönlichen Gründen nicht erlaubt. Sollte es ohne vorherige Erlaubnis zu sexuellen Kontakten kommen, werden die Täter auf der Stelle erschossen. [...]
9. Die Häftlinge müssen ihre Fehler aufrichtig bereuen. Wer seine Sünden nicht anerkennt, sondern sie bestreitet oder eine abweichende Meinung darüber hegt, wird auf der Stelle erschossen.
   Jeder muss tief über seine Sünden nachdenken, die er gegenüber seinem Land und seiner Gesellschaft begangen hat, und danach streben, sie von sich abzuwaschen. [...]
10. Häftlinge, die die Gesetze und Regeln des Lagers verletzen, werden unverzüglich erschossen.
   Alle Häftlinge müssen ihre Wärter aufrichtig als ihre Lehrer ansehen, und, indem sie den zehn Gesetzen und Regeln des Lagers Folge leisten, durch harte Arbeit und Disziplin ihre Fehler der Vergangenheit abwaschen.

Der Geist, der in den Lagern herrscht, kann als die ins Extrem gesteigerte Ideologie angesehen werden, wie sie das Staatswesen als Ganzes bestimmt. Der Einzelne hat sich bedingungslos der Führung zu unterwerfen. Er hat im Zweifelsfall unrecht. Sein Verhalten wird einzig unter dem Aspekt des Gehorsams beurteilt. Er hat nicht nur selbst loyal zu sein, sondern auch zu denunzieren, wer es nicht ist. Individuelle Freiheiten sind kein Recht, sondern werden nach Gutdünken zugeteilt.

Die Mehrheit der Gefangenen kommt nicht durch Todesschüsse ums Leben, sondern durch Hunger, Kälte, Krankheit, körperliche Erschöpfung. Während Häftlinge in den *revolutioning zones* nach erfolgreicher Umerziehung eine Chance haben, ins zivile Leben zurückzukehren, bedeutet die Inhaftierung in einer *total control zone* für die Betroffenen den sicheren Tod. Wie viele Menschen in den Bergen geblieben sind, weiß niemand. Ihre Zahl muss entsetzlich hoch sein; die gesamte politische Gegnerschaft aus fast sieben Jahrzehnten Einparteiendiktatur ist unter ihnen. Die beständige Androhung von Lagerhaft für selbst mindere Vergehen war stets ein effizientes Mittel des Regimes zur Disziplinierung des Volkes – neben der Eliminierung der Gegner war und ist dies ihr eigentlicher Zweck.

Die Reisernte hat begonnen. Viele Arbeiter und Arbeiterinnen sind in den Feldern mit Schneiden beschäftigt. In Reihen zu drei und mehr arbeiten sie gebückt. Die Ernte erfolgt mit einer Machete. Eine Hand umfasst die Halme, die andere schneidet, die Halme werden zur Seite gelegt, und die nächste Handvoll wird ergriffen. Den abgeernteten Reisfeldern entlang ziehen sich die noch stehenden Pflanzungen der Sojabohnen als grüngelbe Streifen. Sojablätter werden kurzgeschnitten und dienen als Futter für die Ochsen.

Erntemaschinen sind in dieser Gegend so wenig im Einsatz wie Lastwagen für die Feldfrüchte. Auch die Maisernte ist Handarbeit. Säcke voller Kolben werden auf Rücken getragen, manchmal auf Handwagen oder Fahrrädern geschoben. Manche Menschen scheinen am Rand ihrer Kräfte zu sein, können das Rad kaum mehr eine Steigung hochschieben. Die schweren Stauden werden mit Ochsenkarren befördert oder schwanken als Bündel auf dem Rücken von Frauen.

Das Verkehrsaufkommen ist gering. Gestern kamen uns auf der Strecke von Rajin nach Ch'ŏngjin, eine Distanz von etwa hundert Kilometern, zwei Taxis, ein Jeep, vereinzelte Lastwagen, meist mit offenem Verdeck entgegen. Wir überholten einen Traktor und einen Mofafahrer. Auf der Rückfahrt werden es etwas mehr sein, insgesamt zwei bis drei Dutzend Wagen, darunter ein paar Privatwagen, einige Motorräder, drei Busse mit Touristen – das ist gefühlt dichter Verkehr.

Für die Leute, die unterwegs sind, scheinen keine Vorsichtsmaßnahmen zu gelten. Gestern hatten die Menschen auf den Straßen mit den Folgen des einsetzenden Regens zu kämpfen. Sie waren mit Schirmen unterwegs, mit durchsichtigen Pelerinen oder ganz ohne Schutz dem Regen ausgesetzt. Um dem Schlamm der aufgeweichten Straßenränder zu entgehen, halten sie sich auch heute an die Straßenmitte. Der Fahrer nimmt auf sie keine Rücksicht. Ohne sein Tempo, das den Verhältnissen in keiner Weise angepasst ist, im Geringsten zu drosseln, hupt er sie von der Fahrbahn und zwingt sie, in den Schlick am Rand auszuweichen. Der Wagen prescht im Abstand von wenigen Zentimetern an ihnen vorbei, spritzt sie mit dem schmutzigen Wasser der Pfützen voll. Ich befürchte von Minute zu Minute einen schweren Unfall.

»Welche Rücksichtslosigkeit!«, bemerke ich zu Yu-mi.

»Offensichtlich empfinden nur wir diese Fahrweise als rücksichtslos und unangemessen«, antwortet sie trocken.

»Wie bitte?«

»Die Frage, wie Rücksichtslosigkeit definiert ist, hängt vom allgemeinen Empfinden ab. Die Fahrweise der anderen Fahrer ist genauso, achte bloß mal darauf! Wenn sie dem Normalfall entspricht und allgemein gewohnt ist, mag sie gefährlich oder verantwortungslos sein, aber nicht rücksichtslos. Man nimmt nur Rücksicht, wo man sich ihrer bewusst ist.«

»Du nimmst den Fahrer in Schutz?«

»Ich versuche zu verstehen, was ich sehe«, antwortet sie. »Ich sehe keinerlei Aufregung oder Wut. Die Fußgänger und Radfahrer schauen nicht zurück, wenn wir uns laut hupend nähern. Sie blicken nicht einmal auf, wenn wir haarscharf an ihnen vorbeirasen. Sie sind dieses Verhalten offensichtlich gewohnt.«

»Bei diesen abenteuerlichen Straßenverhältnissen könnte jederzeit jemand mit dem Rad ausrutschen und vor das Auto stürzen. Immerhin ist das traditionelle Fortbewegungsmittel für den Individualverkehr in Nordkorea das Rad, nicht das Auto.«

Yu-mi schließt die Augen. Sie überlegt, geht ihre Kopfdateien durch. Nach einer Weile öffnet sie die Augen. »Seit den neunziger Jahren wurde das Radfahren mehrmals offiziell verboten. Das hängt mit dem Aufkommen der Autos zusammen, und wohl auch mit der Illusion der Führung, diese würden bald die Straßen dominieren. Frauen war das Benutzen eines Rads lange untersagt – es verstoße gegen Moral und Anstand. Erst 2012 wurde das Verbot aufgehoben. Radfahren ist, zumindest bei den politisch maßgeblichen Stellen, nicht hoch angesehen. Autobesitzer dagegen sind in Nordkorea die am meisten bewunderten Leute.«

Früher waren es die Freiheitskämpfer, will ich entgegnen, aber ich mag keine Diskussion über Mentalitätswandel anzetteln. Ich denke an die Verkehrsordnung in Rajin, welche die Radfahrer auf die Gehsteige verbannt und die Fahrspuren für allfällige Autos leer lässt, ein Bild, das sich bei der Durchfahrt in Ch'ŏngjin wiederholt hat.

»Gibt es eigentlich Angaben über Verkehrsunfälle in diesem Land?«

»Ich bin keiner Statistik begegnet«, sagt sie ohne Zögern. »Man hört von Verkehrsunfällen immer nur, wenn ein einflussreicher Parteifunktionär an den Folgen eines Unfalls stirbt. Aber dann kommt sogleich der Verdacht auf, das Unglück habe politische Hintergründe. Jang Song-thaek zum Beispiel, Kim Jong-uns Onkel, dessen Hinrichtung 2013 für weltweite Aufmerksamkeit gesorgt hat, überlebte 2006 einen Verkehrsunfall. Das könnte der erste Akt eines angekündigten Todes gewesen sein.«

Ich zucke weiterhin bei jeder Gruppe Fußgänger zusammen, die näher kommt und in die unser Fahrer gleich hineinrasen wird.

Auf der Fahrt gilt ein strenges Verbot, Menschen zu fotografieren. Genauso wenig wie von Arbeitenden dürfen von Leuten, die unterwegs sind, Bilder gemacht werden.

»Verstehst du das?«, frage ich Yu-mi.

»Dahinter steckt eine Haltung, die in Korea Tradition hat. Empfängt jemand zu Hause Besuch, zeigt er den Gästen, worauf er stolz ist, und erspart ihnen den Rest.«

»Das ist jetzt nett zurechtgerückt.«

»Man weiß hier natürlich, dass wir ihnen in Industrie und Landwirtschaft weit voraus sind, auch wenn die Propaganda das Gegenteil behauptet. Trotzdem möchte man nicht als Land wahrgenommen werden, das hoffnungslos zurückgeblieben ist.«

»Du denkst, unsere Führer schämen sich insgeheim für den Anblick, der sich uns bietet?«

»Ach, die Führer! Es sind im Grund bloße Ausführer dessen, was man ihnen sagt, keine Touristenführer. Ich spreche vom Staat, der ihnen den Auftrag gibt. Dass du keine Fotos von

Uniformierten aller Art und von Militärfahrzeugen machen darfst, kann noch als Rücksicht auf die Staatssicherheit durchgehen. Aber Bilder von Ochsenkarren und Leuten mit Sichel? Es ist der Staat, der sich dafür schämt, wie primitiv die Leute auf dem Land in ihm leben.«

»Ein Staat, der sich schämt – du hast gerade eine neue moralische Kategorie erfunden!«

Yu-mi lacht. »Es ist eine politische Scham, keine ethische. Was wir hier sehen, widerspricht in allem und jedem dem, was die Kim-Diktatur die Welt sehen machen will. Die Staatspropaganda lenkt den Blick stets nur auf Pjöngjang mit seinen Hochhäusern, sauberen Straßen und Einkaufszentren. Oder auf die landwirtschaftlichen Genossenschaften im Süden.«

»Und auf das Atomprogramm, mit dem Nordkorea der Welt die Stirn bietet.«

Auch die Touristinnen und Touristen, sie vor allem, sollen nur das zu sehen bekommen, was in das Bild von Wohlstand und Fortschritt passt. Die Reisenden sind unverdächtige Zeugen, die in ihren Heimatländern davon Kunde geben sollen, wie gut alles funktioniert. Hier die neu erstellten Gewächshäuser an einem Hang, dort ein Hotel am Meer, das neu gebaut wird – Objekte, auf die wir von Genosse Chang gewissenhaft hingewiesen werden, sobald sich eines im Vorbeifahren zeigt. Oder das reichhaltige Essen, das wir dreimal am Tag vorgesetzt bekommen. Etwa die Krabben gestern Mittag – ausgezeichnet. Das Lammfleisch. Das Huhn. Man serviert uns das ganze traditionelle koreanische Angebot. Schalen mit Gemüse, Fischsuppe, Venusmuscheln, Seeschnecken. Für uns ist nur das Beste gut genug.

»Die Touristen bekommen nur die Sonnenseite zu Gesicht«, führe ich meine Gedanken laut zu Ende. »Allerdings, wenn ich an das Hotel von heute Nacht denke, das Holzbrett, von dem mir der Rücken noch immer schmerzt, die verrosteten Wasserleitungen …«

»Das ist eben das Risiko.«

»Ja, das müssen wir in Kauf nehmen«, seufze ich.

»Ich meine das Risiko des Staates, das er eingeht, wenn er Touristen ins Land lässt. Man fährt uns durch das Land, um uns die Schönheiten zu zeigen, und kann nicht verhindern, dass uns auch anderes auffällt. Die Menschen mit dem Bündel auf dem Rücken gehören wie die verrosteten Schiffe im Hafen von Ch'ŏngjin gewissermaßen zum Kollateralschaden, der sich in der Präsentation dessen, was wir zu Gesicht bekommen sollen, nicht vermeiden lässt. Aber Fotos davon sollen wir später nicht auch noch herumzeigen oder ins Internet stellen können.«

In Gedanken gehe ich die Orte durch, an denen ich Fotos gemacht habe. Zum Beispiel jene Anhöhe bei Ch'ŏngjin, von wo aus man auf ein Vorstadtquartier sieht, ein Meer aus einfachen Häusern, teils eng ineinandergeschachtelt, teils in Reihen. Auf der Außenseite der gemauerten Hauswände standen die typischen Schornsteine, die weit über die Dächer hinausragen – Dächer mit grauen Ziegeln, da und dort notdürftig geflickt. Zwischen ihnen und auf den kleinen Balkonen flatterte die Wäsche. Ich war an ähnlichen Siedlungen am Rand von Seoul vorbeigekommen, hatte aber keine Lust verspürt, sie aufzunehmen. Weshalb interessiert mich die Armut hier mehr als in Südkorea? Es ist nicht nur der Reiz des Exotischen, der mich leitet. Vielmehr hat sich meine Einstellung mit dem Überschreiten der nordkoreanischen Grenze grundsätzlich geändert. Ich bin zum typischen Touristen aus der »freien Welt« geworden, dem es darum geht, mit jedem Foto das

Regime anzuprangern. Der scharf darauf ist, die Not der einfachen Leute festzuhalten, das Schäbige, Armselige, das Baufällige und Rückständige. Dem es in Istanbul nicht einfallen würde, nach den Gefängnissen für politische Gefangene zu fragen. Der in Paris durch den Tuileriengarten spaziert und nicht zwischen den Hütten der Bidonvilles.

Herrn Rhee, der eben das auf der Anhöhe stehende Denkmal für die im Koreakrieg gefallenen russischen Soldaten erklärt hatte, war mein geringes Interesse für die Erinnerungsstätte nicht entgangen. Ich hatte mich bald abgewendet, mich umgesehen und war an den Rand der Anlage getreten, um zwischen den Stämmen junger Erlen hindurch die Häuser im Tal unter uns aufzunehmen. Das war eine der beiläufigen Rückweisungen, die er als Führer wahrscheinlich oft erlebte.

»Warum machen Sie eine Aufnahme jener alten Häuser?«, fragte er. »Speichern Sie die Bilder besser im Kopf.«

Seine Bemerkung verriet seinen Unwillen darüber, dass uns immerzu Dinge interessierten, vor deren Anblick er uns bewahren wollte. Gleichzeitig schwang in ihr ein gewisses Verständnis mit. Er war pflichtbewusst genug, meinem Wunsch, möglichst viel zu dokumentieren, Grenzen zu setzen, doch auch einfühlsam genug, ihn zu respektieren. Sein Satz geht mir nach. Er hätte von einem Freund kommen können. Speichere die Bilder im Kopf, um sie später abrufen, in Sprache überführen zu können. Halte mit Sprache fest, was die technischen Apparate ohnehin nur schwer einfangen können, die unscheinbaren Szenen, die auf der Fahrt so rasch vorüberhuschen, dass sie kaum ins Bewusstsein dringen: der Junge, der sich um das hupende Auto in seinem Rücken nicht kümmert, der sich schwertut, den Platz auf der Fahrbahn zu räumen, sich erst im letzten Moment dazu bequemt, einen

Satz in den aufgeweichten Untergrund am Straßenrand zu machen – dabei das ungebremste Tempo des Fahrers. Die Frau, die auf dem Hausdach Maiskolben zum Trocknen auslegt. Die Männer, die den Lastwagen, der umgekippt im Wasser liegt, im breiten Flusslauf mithilfe eines Baggers aufzurichten suchen (offenbar gibt es schweres Gerät, wenn es die Not verlangt). Das junge Paar, das gestern Hand in Hand durch den Regen ging, als ob die Sonne schiene – ein Bild, das bleibt.

Das Ch'ilbo-Gebirge

Dieser Ausblick auf einmal! Diese stupende Sicht in eine wilde, naturbelassene Berglandschaft. Wir stehen auf dem höchsten Punkt jenes Teils des Ch'ilbo-Gebirges, der für Touristen zugänglich ist, blicken über ein Meer aus unzähligen schroffen Felserhebungen, die über die Wipfel der Wälder aufragen. Das Panorama ist atemberaubend. Im Gegensatz zu den gefalteten Gebirgsmassiven Europas ist hier keine Reihung, keine Kettenbildung erkennbar. Es herrscht ein Durcheinander von Einschnitten, Querrinnen, Abstürzen, jäh aufsteigenden Graten und Felsrücken auf kleinstem Raum, wie sie nur der Ausbruch eines Vulkans zustande bringt. Wir stehen auf einem Ausläufer des Paektusan, rund 280 Kilometer südöstlich von dessen Kratersee. An seiner Ostflanke fällt der Ch'ilbosan steil ab bis zu den Fluten des Japanischen Meers, das in spektakulären Durchblicken durch Steintore und Felsspalten in der Ferne aufblinkt.

Diese Stelle werde Touristen nur ausnahmsweise gezeigt, sagt Herr Chang. Dass wir in diesen Genuss kommen, ist ihm zu verdanken. Er telefonierte unterwegs regelmäßig mit seiner Zentrale, die dann irgendwann ihre Zustimmung erteilt hatte.

Herr Chang kommt zum ersten Mal an diesem Tag richtig in Fahrt. Er wird nicht müde, uns auf die skurrilen Felsformationen aufmerksam zu machen. Für alle von ihnen hat er einen Namen zur Hand, hier ein Elefant, dort ein Klavier. Er vergewissert sich, dass wir auch wirklich sehen, was er uns nennt. Ja, wir erkennen die Liebenden, eine von der Natur aus dem Fels herausgehauene Doppelstatue. Den Adler. Die Mutter mit dem Kind, die Orgelpfeifen. Herr Chang ist ganz begeistert, und er weiß sein Publikum auf seiner Seite. Jetzt darf er zeigen und benennen, was zu sehen ist. Er fordert mich dazu auf zu fotografieren, stolz auf die Schönheit seines Landes. Und dann der Satz, der nicht fehlen darf: Die Idee, hier hinauf eine Straße zu bauen, um dem Volk die Bergwelt zugänglich zu machen, sei dem General Kim Jong-il zu verdanken, dem sie anlässlich eines Besuchs spontan gekommen sei.

Über unseren Köpfen die halsbrecherischen Sturzflüge dreier Kolkraben, die zwei Habichte verjagen. Das Naturparadies sei hier kaum erforscht, sagt er. Ein Eldorado für Pflanzen und Tiere harre noch seiner Erschließung durch Biologen und Botaniker.

Ich verkneife mir die Frage, weshalb ein so großes Gebiet weder für die Wissenschaft noch für den Tourismus erschlossen sei. Vorhin, als wir beim Eingang des Naturparks ankamen, blieb Yu-mi lange schweigend vor der großen Übersichtstafel stehen.

»Suchst du etwas?«, fragte ich sie.

»Ich suche, was hier nicht angegeben ist.« Sie deutete vage mit der Hand gegen die westliche Seite des Plans. »Irgendwo dort muss sich das nordkoreanische Atomtestgelände P'unggye-ri befinden.«

»Wie, so nahe an unserer Route?«

Ich packte meine europäische Karte aus und suchte die Stelle, die darauf tatsächlich eingetragen ist. Ein leichter Schauer lief mir über den Rücken. Wir waren nur gut hundert Kilometer von jenem Gelände entfernt, das zu Nordkoreas bestgehüteten Geheimnissen gehört und seit Jahren das Interesse des US-Geheimdienstes erregt. Zu diesem Gebiet hat niemand Zugang. Es gibt keinen besseren Schutz für die Operationen in und um P'unggye-ri als dieses unzugängliche Fels- und Urwaldgebiet, das sich dem Auge in beeindruckender Wildheit präsentiert. Schönheit, Unberührtheit und technologische Hochrüstung gehen hier eine perverse Liaison ein. Unter Herrn Changs Begeisterung über die Steingebilde, die es zu bestaunen gibt, tut sich ein Abgrund von Schweigen auf. Es fällt schwer, sie anders denn als Ablenkungsmanöver von den politischen Realitäten dieser Region zu deuten.

Von der Aussichtsplattform auf dem Gipfel gehen wir ein Stück zu Fuß die steile Straße hinunter, rumpelnd folgt uns der Wagen. Nach der langen Fahrt tue ein kleiner Fußmarsch gut, sagt Herr Chang. Was er nicht sagt, erfahre ich kurz darauf von seinem Genossen. Der Zufall will, dass wir beide ein paar Schritte für uns sind. Man wolle das Risiko nicht eingehen, das unbefestigte, schlecht unterhaltene Stück Straße mit fünf Leuten abwärts zu befahren, sagt er. Das kann ich verstehen. Eine Panne hatten wir heute schon.

Auf dem Anfahrtsweg hierher, noch unten auf der Hauptverkehrsstraße, versagte der Kleinbus auf einem ansteigenden Wegstück auf einmal den Dienst. Der Motor heulte auf, das Getriebe griff nicht mehr, hatte den Kontakt zu der Radachse verloren. Die drei Nordkoreaner stiegen aus und machten sich gemeinsam daran, den Schaden zu diagnostizieren. Sie öffneten den Zugang zum Motor und zu den hinteren

Antriebsrädern. Nach einigen Beratungen war der Grund gefunden.

»Es geht etwa eine Stunde«, sagte Herr Chang und deponierte seine Jacke auf dem Wagensitz. Es hatte zu regnen begonnen, die drei Burschen waren innerhalb kurzer Zeit durchnässt. Sie ließen sich nichts anmerken, reichten sich schweigend die Werkzeuge, hämmerten, zerrten, schoben, rüttelten, dass es uns im aufgebockten Wagen durcheinanderschüttelte. Wir stiegen aus und machten, um uns die Beine zu vertreten, einen Spaziergang der Straße entlang, was sich anfühlte wie ein Waldspaziergang auf einem Waldsträßchen im Jura. Sogleich ließ Herr Rhee seine Werkzeuge liegen und stellte sich als Begleitung ein. Wir könnten die hier durchfahrenden Lastwagen überhören, meinte er. Das war, wie ich fand, eine durchsichtige Ausrede. Doch wofür? Es gab hier nichts zu spionieren, nichts zu sehen, die nächste Siedlung war mehrere Kilometer entfernt.

»Verstehst du das?«, fragte ich Yu-mi.

»Es gibt nur eine Erklärung«, sagte sie. »Der Grund ist nicht Misstrauen uns gegenüber, sondern Herrn Rhees Verantwortungsgefühl. Würde uns auf der Reise etwas passieren, ginge das auf das Konto von unseren Reisebegleitern. Sie würden zur Verantwortung gezogen. Sie haben uns jederzeit vor allen Gefahren zu schützen.«

»Auch jenseits jeder Gefährdung, hier im Wald? In der Dreiviertelstunde, die wir hier Zwangspause machen, sind genau zwei Lastwagen und ein leerer Kleinbus durchgefahren.«

Sie schaute mich nachsichtig an. »Es geht nicht um Logik. Was unsere Führer leitet, ist ein Prinzip, verstehst du?«

»Es ist der Befehl.«

»Es ist das Prinzip. Das Prinzip, das jeden subalternen Beamten überall auf der Welt dazu bringt, dir den Schalter vor der Nase zu schließen, wenn die Öffnungszeit zu Ende ist. Nicht er entscheidet, nicht die Situation, sondern das System, dem er dient. Das ist in Europa nicht anders«, setzte sie maliziös hinzu. »Oder?«

Nach genau einer Stunde versorgte der Fahrer die Werkzeuge im Heck. Die drei Burschen waren tropfnass. Sie kauerten sich am Straßenrand zum Rinnsal nieder und wuschen sich darin die Hände. Das Pack Papiertaschentücher, das ich ihnen hinstreckte, nahmen sie nicht. Die Panne wurde auf der Weiterfahrt mit keinem Wort erwähnt.

Nach einem Moment Schweigen sagt Herr Rhee auf dem Rückweg vom Gipfel, es tue ihm leid wegen der Panne. Für ihn und Herrn Chang muss es eine Demütigung gewesen sein, dass ihre Bemühungen, ihr Land als dem Ausland ebenbürtig zu zeigen, von einem abbruchreifen Wagen Lügen gestraft wurden. Von den vorbeifahrenden Autos hatte keines angehalten; Pannenfahrzeuge sind in Nordkorea ein gewohnter Anblick. Er solle sich wegen uns keine Gedanken machen, sage ich, wir hätten ja nicht im Freien bei strömendem Regen den Wagen reparieren müssen wie sie. Dann kann ich es nicht lassen und fahre fort, in unserem Land stehe ein Service bereit, der in solchen Fällen zu Hilfe komme.

Herr Rhee winkt entschieden ab. »Das brauchen wir nicht«, sagt er, nun schon wieder bestimmter. »Wir Nordkoreaner können uns in jeder Lage selbst helfen.«

Darauf ist er zu Recht stolz, denke ich. Hier ist der Alltag der Leute davon geprägt, dass man improvisiert und jeder mit dem zurechtkommen muss, was er zur Hand hat. Herr Rhees Satz könnte, auf das Kollektiv bezogen, auch der erste Satz aus dem Lehrbuch der Chuch'e sein. Nordkorea, das den internationalen Sanktionen trotzt, das beweisen will, dass es den Bedrohungen von außen gewachsen ist.

Eine Weile gehen wir schweigend bergab. Von unten rauschen Wasserfälle aus den Schluchten herauf, die wir auf der Herfahrt überquert haben.

Er sei als Führer erst seit drei Monaten im Einsatz, sagt er auf meine Frage. 31 Jahre alt sei er, habe als Arbeiter begonnen und Eisenerz zum Hochofen transportiert. Nach fünf Jahren bei der Armee studierte er an einer Hochschule in Pjöngjang Englisch, Chinesisch und Koreanisch. Dann bewarb er sich dafür, Fremdenführer zu werden.

»Wurden Sie berufen, oder war es Ihr Wunsch?«

»Ich meldete mich und wurde genommen, weil ich die Voraussetzungen dazu erfüllte, Sprachstudium und Militärdienst.«

»Und weil Sie in der Partei sind?«

Er nickt.

Dann fragt er mich, was ich vom Treffen zwischen Moon und Kim Jong-un halte. Es ist das erste Mal, dass einer der Führer von sich aus ein politisches Thema berührt. Überrascht bleibe ich stehen.

»Ich glaube, entscheidend ist, dass ein Dialog in Gang kommt«, sage ich. »Die beiden Koreas müssen sich erst einmal gegenseitig als Staaten anerkennen und den Koreakrieg formell beenden. Erst wenn sie normale politische und wirtschaftliche Beziehungen miteinander pflegen, können sie eine gemeinsame Zukunft planen.«

»Was haben die USA Ihrer Meinung nach für eine Rolle zu spielen?« Herr Rhee schickt sich an weiterzugehen.

»Die USA haben für die UNO das Waffenstillstandsabkommen im Juli 1953 treuhänderisch unterzeichnet. Ohne sie kann das Abkommen nicht aufgelöst und in eine neue Vereinbarung überführt werden. Die USA spielen eine entscheidende Rolle im Annäherungsprozess der beiden Koreas. Nur sind sie allem Anschein nach nicht an einem Frieden interessiert. Dieser würde die Legitimation ihrer Truppen in Südkorea gefährden und …«

Mein Begleiter unterbricht mich: »Nordkorea hat keinen einzigen fremden Soldaten auf seinem Gebiet stationiert!« Herr Rhee, der zurückhaltende, höfliche Mensch, ist mir ins Wort gefallen. Irgendwie imponiert mir seine spontane Empörung. »Zudem hat unser Staat alle Bedingungen erfüllt, die für eine Beendigung des Boykotts notwendig sind.«

»Präsident Trump wird keinen Frieden zwischen den beiden Koreas zulassen und stets neue Bedingungen stellen«, sage ich. »Auch die Volksrepublik China hat wenig Interesse an einer Beilegung des Konflikts, Nordkorea ist ihr ein willkommener Pufferstaat zum westlich orientierten Südkorea.«

Herr Rhee erklärt sich mit mir einverstanden. Ich merke, dass es ihm weniger um eine Diskussion geht als darum, meine Meinung zu hören. Als ich eine abschätzige Bemerkung über Donald Trump mache und anfüge, die liberalen Medien des Westens machten sich über diesen Präsidenten lustig, schaut er mich befremdet, ja vorwurfsvoll an. Ich bedaure meine gedankenlosen Worte sogleich; offenbar habe ich eine Tabugrenze überschritten. Für Herrn Rhee ist es undenkbar, einen Staatsmann, auch den eines fremden oder gar feindlichen Landes, in Zweifel zu ziehen. Über einen Staatsmann zu urteilen, und sei es über denjenigen der USA, würde in letzter Konsequenz bedeuten, dass Staatsmänner generell einem Urteil unterworfen werden dürfen, auch ein Kim Jong-un in

Nordkorea. Das ist für ihn ein Sakrileg. Er bricht das Gespräch ab und beschleunigt den Schritt, um zu Herrn Chang und Yumi aufzuschließen. Für eine weitere Unterhaltung zu zweit wird auf unserer Reise keine Gelegenheit mehr sein.

Teil der Sehenswürdigkeiten, die im Ch'ilbo-Gebirge gepflegt und den Touristen vorgeführt werden, ist der tief im Wald verborgene Kaesim-Tempel. Seine Gründung geht ins 9. Jahrhundert zurück. Die um einen zentralen Platz gruppierten Holzbauten wurden im Laufe der Zeit immer wieder erneuert. Vor einem Gebäude gegenüber dem Haupttempel sitzt eine Gruppe nordkoreanischer Studenten auf dem steinernen Fundament, vor sich die aufgeklappte Malmappe. Schweigend in ihre Arbeit versunken, zeichnen sie den Haupttempel, blicken von Zeit zu Zeit auf, um das entstehende Bild mit dem Anblick zu vergleichen. Zwei Mönche in grauem Gewand und rotem Überwurf stehen vor dem Eingang des Haupttempels. Der ältere von ihnen gibt Auskunft.

Sie würden zu sechst hier wohnen, die vier andern seien gerade in karitativer Mission im Unterland unterwegs. Als er bemerkt, wie aufmerksam wir die vergoldeten Buddhastatuen im Innern und die holzgeschnitzten bemalten Decken aus dem 18. Jahrhundert betrachten, macht er uns auf einen Gegenstand in der Vitrine aufmerksam, die in den Unterbau des Altars eingelassen ist. Wo in manchen katholischen Kirchen die Reliquien von Heiligen in einem Glassarg zur Schau gestellt werden, liegt auf rotem Samt ein Knotenstock. Er erinnere daran, dass Kim Il-sung den Tempel seinerzeit mit einem Besuch beehrt habe. Der damalige Abt habe den Stock persönlich geschnitzt gehabt und dem Großen Führer als Geschenk überreicht, erfahren wir. Kim Il-sung habe den Stock in der Hand gehalten und ihn darauf dem Tempel vermacht – ein Akt von zweideutiger Symbolik, die eine Anerkennung so gut wie die Unterwerfung des religiösen Bezirks unter die Herrschaft der Partei bedeuten konnte.

Vor dem Koreakrieg habe es rund sechshunder Tempel in Korea gegeben, erzählt der Mönch. Heute existierten noch sechzig mit rund vierhundert Mönchen. Das entspricht den Zahlen, die offizielle nordkoreanische Quellen anführen. Später wird mir Yu-mi sagen, dass ein Teil, vor allem in der Gegend um Kaesŏng, zu touristischen Zwecken wiederaufgebaut wurde. Es gebe, fährt der Mönch fort, noch zehntausend Buddhisten im Land, dessen Verfassung die Religionsfreiheit garantiere. »Und etwa gleich viele Christen«, ergänzt er.

»Zehntausend Christen, das scheint mir recht viel«, sage ich zu Yu-mi, als wir das Tempelareal verlassen. »Nordkorea war ja nie ein christliches Land.«

»Hast du eine Ahnung!«, gibt sie zur Antwort. Dann erzählt sie, wie so oft nach einem kurzen Schließen der Augen: »Die koreanische Halbinsel kam gegen Ende des 18. Jahrhunderts mit christlichem Gedankengut in Kontakt. Um die Wende vom 19. zum 20. Jahrhundert nahm die christliche Bevölkerung deutlich zu, vor allem in Pjöngjang, das als die christlichste Stadt in Ostasien galt. Um 1890 gab es dort über hundert Kirchen. Heute sind es noch vier.«

»Ich habe gehört, es existiere eine Untergrundkirche?«

»Das Thema ›Christen in Nordkorea‹ ist ein Tummelplatz für Mutmaßungen und Gerüchte. Die rechtskonservative südkoreanische Organisation People for Successful Corean Reunification PSCORE behauptet, es gebe keine Untergrundkirche. Vom Christentum sei im kommunistischen Staat nichts übrig geblieben, nordkoreanische Kirchen und Tempel dienten gemäß Aussagen nordkoreanischer Flüchtlinge bloß staatlicher Propaganda. Dem hält das internationale überkonfessionelle Hilfswerk für verfolgte Christen Open Doors entgegen, im Land lebten zwischen 200 000 und 400 000 Christen. In dem Weltverfolgungsindex des Hilfswerks belegt Nordkorea seit Jahren den unrühmlichen ersten Platz, wobei die Datenerfassung, die dem Index zugrunde liegt, umstritten ist. In Wahrheit kennt niemand die genaue Zahl.«

»Zumal ein erheblicher Teil der Christen in Umerziehungslagern leben dürfte.«

»Ob das heute noch der Fall ist, weiß man nicht. Tatsache ist, dass die religiös-nationalen Christen nach dem Koreakrieg zu den stärksten Gegenkräften gehörten, mit denen Kim Il-sungs Kommunisten konfrontiert waren. Sie hatten den japanischen Besatzern erbitterten Widerstand geleistet und stellten die meisten Vertreter in den neu gebildeten Volkskomitees. Kim Il-sung, der bekanntlich nicht zimperlich mit seinen Gegnern innerhalb und außerhalb der kommunistischen Bewegung umging, verfolgte die Christen erbarmungslos.«

»Er war nicht der erste weltliche Machthaber in der Geschichte, der neben sich und seiner Staatsdoktrin keine Bewegung duldete, die an einem höheren Sinn festhielt.« Ich glaube mich zu erinnern, dass es auch schon früher in der Geschichte Koreas Konflikte zwischen Christentum und Staatsmacht gegeben hatte. Die koreanische Monarchie hatte das Christentum bis zum Ende des 19. Jahrhunderts offiziell verboten. Anfang des 20. Jahrhunderts ging dann die japanische Besatzungsmacht brutal gegen Christen vor. Vielleicht wurde der christliche Gott von der koreanischen wie der japanischen Krone als Konkurrenz und Bedrohung empfunden. Ich teile Yu-mi meine Überlegung mit.

Sie denkt einen Augenblick nach, schüttelt dann den Kopf. »Das mag einer verkürzten westlichen Optik so erscheinen. Es spielten dabei nicht allein religiöse Aspekte eine Rolle. Die Anfänge der Christianisierung gingen mit dem Eindringen westlichen Gedankenguts einher, der ›westlichen Lehren‹, die via China das Land erreichten und von den Machthabern so gut wie von Teilen der Bevölkerung als Angriff auf die traditionellen koreanischen Werte empfunden wurden. Es war die Zeit, als die USA und die europäischen Seemächte ihr Interesse an Ostasien entdeckten. Korea sah sich im 19. Jahrhundert nicht nur dem Expansionsdrang seiner Nachbarn, sondern auch der Zudringlichkeit des westlichen Handelskolonialismus ausgesetzt. Das Christentum und die zahlreicher werdenden Missionare wurden als Teil einer fremden Einmischung in die wirtschaftlichen und geistigen Belange der konfuzianischen Ordnung wahrgenommen. Auch das rücksichtslose Bekämpfen der Christen durch die japanische Kolonialmacht in der ersten Hälfte des 20. Jahrhunderts hat wesentlich politische Gründe; die Christen verstanden sich als Teil der Widerstandsbewegung. Es waren die sich auflehnenden Gläubigen, die Japan als Gegner betrachtete, nicht ihr monotheistischer Gott.«

Ich hänge dennoch dem Gedanken nach, dass ein höheres Wesen stets auch eine Infragestellung von absolutistischer Macht bedeutet, soweit es sich nicht in dessen Herrschaftssystem integrieren lässt, heiße die Macht nun *romanus imperator*, Tenno oder Kommunistische Partei. Als Vergeltung zwänge ich alle Zehn-Yuan-Scheine, die ich im Geldbeutel finden kann, in die Urne beim Eingang, um den abgebildeten Mao Tse-tung stellvertretend für alle Potentaten zum Unterhalt des Tempels zu verdonnern.

Im Haus der Gastfamilie

Die folgenden zwei Nächte sind wir bei Gastfamilien einquartiert, am Fuß des Ch'ilbo-Gebirges, unmittelbar am Meer. Wir werden von den Gastgeberinnen freundlich empfangen und in unsere Zimmer geführt. Ein Schrank, ein niederer Korpus aus Holz, ein kleiner Tisch, ein Futon bilden die Einrichtung. Herr Chang hat offenbar Bedenken, die Unterkunft sei für uns zu schlicht, und bietet uns als Alternative ein nahegelegenes Hotel an, das direkt am Meer liege. Aber nach der Nacht auf dem Holzbrett ist der Futon auf dem geheizten Boden ein verlockender Luxus.

Die zweistöckigen Bauten mit ihren geschwungenen Dächern gehören zu einer Siedlung von rund zwanzig fast identischen Häusern, die von einheimischen Familien bewohnt werden und jeweils über ein oder zwei Gästezimmer verfügen. An der Sonne neben dem Eingang sind geerntete Zwiebeln und Nüsse zum Trocknen ausgelegt, auch weiße Maiskolben, die zu Maismehl vermahlen und für die Herstellung von Fladen verwendet werden. Mit ihren sorgfältig gepflegten Gemüsegärten, den Fruchtbäumen und einer Auswahl Blumen als Gartenumfassung sind sie halb Wohnsiedlung, halb Touristenresort. Die Siedlung Sea Chilbo ist der einzige Ort in Nordkorea, wo man in privatem Rahmen übernachten kann. Sie wurde vor rund fünfzehn Jahren angelegt; 2006 übernachtete Kim Jong-il in einem der Räume, der dadurch Museumsstatus erhielt und dessen Einrichtung seither nicht verändert worden ist.

Von der idyllischen Gegend, dem weiten Sandstrand und dem Blick auf die vorgelagerten Inseln bekommen wir nichts mit; es ist nicht ein militärisches Sperrgebiet oder ein Ausgehverbot, die uns in Schranken weisen, sondern eine Magenverstimmung. Yu-mis Magen rebelliert, sie geht gleich auf ihr Zimmer und bekommt Reisschleim. Das Mittagessen findet im zentral gelegenen Gebäude statt, in dem Essräume und Küche untergebracht sind. Kaum beginne ich zu essen, steigt auch in mir Übelkeit hoch.

»Wie schade«, sagte Herr Rhee, als ich mitteile, ich würde mich ebenfalls hinlegen, anstatt wie vorgesehen dem Strand entlangzuschlendern. Er bedauert das wohl auch wegen sich selbst. Wie ein treuer Diener sitzt er den ganzen Nachmittag auf der Holztreppe vor dem Haus an der Sonne, während Herr Chang ein Haus weiter Yu-mis Schlaf bewacht. Den Nachmittag hindurch dämmere ich in Fieberträumen dahin.

Als ich gegen Abend hinaustrete, fragt mich Herr Rhee, ob ich nicht einen Arzt konsultieren möchte.

»Es gibt hier einen Arzt?« Das hatte ich nicht erwartet.

Er nickt, winkt mir mitzukommen und führt mich ins Nachbarhaus. An Yu-mis Futon hat sich eine jüngere Ärztin niedergelassen. Sie misst Fieber. Ich setze mich neben die Wirtin auf den Boden, diskret im Hintergrund sind Chang und Rhee in die Hocke gegangen, wir sind wie eine große Familie um das Lager einer Schwerkranken gruppiert. Yu-mi hat kein Fieber, und es geht ihr auch schon besser. Dann misst die Ärztin auch mir Fieber; ich habe eine Temperatur von 37,8, was ein allgemeines Gemurmel auslöst. Die Ärztin kramt in ihrem Köfferchen und sagt halblaut etwas zur Wirtin, worauf ihr diese eine Schere und eine Rolle Toilettenpapier bringt. Mit der Schere schneidet sie aus einer Packung Medikamente drei in Alufolie verschweißte Tabletten heraus, aus einer anderen Packung drei weitere. Darauf schneidet sie vom Toilettenpapier ein Stück ab und wickelt die Tabletten damit ein. Das Papier ist von der Art, wie sie hier verbreitet ist, nicht perforiert, zäh und unzerstörbar. Will man ein Stück abreißen, hält man leicht lauter Fetzen in den Händen. Die einen Tabletten seien Chemie, sagt die Ärztin, die anderen stammten aus traditioneller Medizin.

Die Lampe in meinem Zimmer ist so schwach, dass ich nicht entziffern kann, was auf den Folien aufgedruckt ist, in denen die Tabletten stecken. Misstrauisch werfe ich sie in meine Toilettentasche und schlucke stattdessen die mitgebrachten Globuli. Erst zu Hause werde ich sie wieder auspacken und erfahren, dass die Ärztin mir Antibiotika gegeben hat, ein Mittel gegen bakterielle Infektionen. Mögliche Nebenwirkungen sind unter anderem Schwindel, Erbrechen, Diarrhö, Kopfschmerzen. Nur gerade drei Stück bei einem Antibiotikum ist eine gewagte Medikamentation. Man soll sie mit viel Wasser einnehmen und sich dann zehn Minuten nicht hinlegen. Die Ärztin erwähnt keine Nebenwirkungen und gibt auch keine Empfehlungen dazu, wann und wie ich sie einnehmen soll, was ich essen kann und was besser nicht. In der Nacht muss ich erbrechen. Danach geht es mir besser.

Den Mann des Hauses bekomme ich nicht zu Gesicht. Frühmorgens höre ich ihn neben dem Fenster, das nach hinten geht, mit seiner Frau sprechen, während er den Holzofen einheizt, tagsüber ist er weg. Dank des Ofens habe ich warmes Wasser zum Duschen. Von Yu-mi weiß ich, dass die meisten Leute in Nordkorea Zugang zu einer Toilette haben, dass aber laut einer Studie von 2017 über 90 Prozent der sanitären Einrichtungen nicht an eine Kanalisation angeschlossen sind und die Abwässer als Dünger auf die Felder ausgebracht werden. Das Bad macht auf den ersten Blick einen guten Eindruck. Es gibt ein Waschbecken und eine Toilette. Erst der zweite Blick verrät, dass es dem angedeuteten Standard nicht gewachsen ist. Die Haltevorrichtung für das Toilettenpapier ist sauber montiert, verfügt aber über keinen Bügel; die Papierrolle steht verloren auf dem Deckel. Die Toilette ihrerseits ist nicht an das fließende Wasser angeschlossen, sie steht im Raum wie ein Objekt von Marcel Duchamp. Zu ihren Seiten befinden sich zwei Bottiche, aus denen man mit einer Plastikkelle das Wasser zum Spülen schöpft. Punkt sieben Uhr früh klopft die Wirtin und stellt einen Eimer heißes Wasser ins Zimmer. Mittels Kelle mische ich heißes und kaltes Wasser so lange in einem Plastikbecken, bis die Duschtemperatur erreicht ist, und übergieße mich mit Wasser aus der Kelle. Den Rest des kostbaren warmen Wassers stelle ich vor die Küche. Später sehe ich, dass die Frau das Wasser wegschüttet.

Die Küche ist traditionell eingerichtet. Zum Kochen dient eine Feuerstelle, die in den Fußboden eingelassen ist. Das Feuer wird mit Holz oder Kohle unterhalten. Ein Unterbodensystem versorgt neben meinem Zimmer auch den auf der anderen Seite der Küche gelegenen Hauptraum mit Wärme. Dort schläft die Familie auf Matten, die tagsüber zusammengerollt werden. In anderen Häusern wird durch Hohlräume in Boden und Wänden von der Küche aus auch das Obergeschoss geheizt.

Die Führer begleiten uns zum Frühstück. Mehr als wir selbst sind sie besorgt wegen unserer Gesundheit. Sie wirken bedrückt, während wir, obwohl beide noch angeschlagen, heiter gestimmt sind. Auf unseren Wunsch bestellen sie Tee und Reisschleim, mehr mögen wir jetzt nicht essen. Dennoch serviert man uns Brot und frisch geschlagene Butter, dazu Ginsengtee, mit Traubenzucker gesüßt. Bisher gab es am Morgen meist Gerstentee. Die Frau, die uns bedient, lässt es sich nicht nehmen, uns zudem ein zweites Tässchen hinzustellen, in das sie Nescafépulver getan hat. Im Nu steht das gewohnt reichliche Angebot auf dem Tisch, zu dem der Reisschleim als Zusatz hinzugefügt wird. Der Tisch wird abgeräumt, ohne dass wir die Speisen angerührt haben. Der sorglose Umgang mit Ressourcen in einem Land, das so wenig davon zur Verfügung hat, gehört zu den zahlreichen Widersprüchen, die einem in Nordkorea begegnen.

Bevor wir zu einem weiteren Besuch des Ch'ilbo-Gebirges aufbrechen, will mich die Ärztin noch einmal sehen und mir Fieber messen. Sie empfängt uns in ihrem Privathaus – es ist eines der Siedlung – im Vorraum. Auf einem langen Holzkorpus hat wie bei meiner Gastfamilie der Fernseher seinen Platz, daneben stehen zwei Ventilatoren. Über die Geräte ist ein Stück rosa Tüll geworfen, mit Blumen verziert. In der Ecke stehen ein Kühlschrank und eine Gefriertruhe.

Die Frau ist ausgesprochen hübsch. Es ist selten, dass eine Frau in ihrem Alter – sie hat zwei kleine Kinder – noch so jung wirkt. Nach der Heirat werden hier die Gesichter oft härter, der Blick verliert, was einmal vielleicht Sanftheit oder Verschmitztheit war. Sie nickt zufrieden, das Fieber ist verschwunden. Sie fragt mich nicht, wie ich mich fühle, ob die Medikamente gewirkt haben. Es ist wie eine geheime

Verabredung, dass dieses Thema zwischen uns unerwähnt bleibt.

Auch nach dem möglichen Grund unserer Mageninfektion fragt sie nicht. Vermutlich weiß sie, dass ein Viertel der Bevölkerung kein sauberes Trinkwasser hat. Im Onpho Resthouse stand ein Thermoskrug mit heißem Wasser auf dem Nachttisch. Es wäre nicht schwer gewesen, diesen Willkommensgruß als mögliche Quelle des Übels zu eruieren. Das Wasser, von dem ich am Morgen vor der Abfahrt getrunken hatte, stammte aus der Therme und war nicht abgekocht. Was hätte sie mit diesem Befund anfangen sollen? Ihn an höherer Stelle melden? Informationen werden in Nordkorea nicht von unten nach oben weitergegeben.

Wie geht eine Ärztin mit dem Umstand um, dass ihr Staat, der die Lebenserwartung nach dem Koreakrieg von einem Tiefstand von 37,6 Jahren auf sensationelle 73 Jahre in den frühen neunziger Jahren zu steigern vermochte, in den letzten fünfundzwanzig Jahren gerade knapp in der Lage war, diese Höhe zu halten? Mit 71,7 Jahren im Jahr 2016 liegt hier die Lebenserwartung gut zehn Jahre unter der des südlichen Nachbarn. Wie geht die Ärztin damit um, dass in den ländlichen Gebieten, wo 2008 fünfundvierzig Prozent der Bevölkerung unterernährt waren, 2018 gemäß dem UNO-Büro für die Koordinierung humanitärer Angelegenheiten OCHA noch immer bis zu elf Millionen Menschen – über vierzig Prozent der Bevölkerung – Mangelernährung droht? Dass gemäß Schätzungen im Jahr 2017 zwanzig Prozent der nordkoreanischen Kinder deswegen Wachstumshemmungen aufwiesen? Dass die Kindersterblichkeit kontinuierlich steigt und die Ernährung bei mehr als der Hälfte der Kinder zwischen sechs Monaten und einem Jahr ungenügend war? Dass, wie Amnesty International in einem Bericht von 2010 schreibt, eine allgemeine Verschlechterung der Gesundheit und der Ernährung bei der Bevölkerung ebenso festzustellen sei wie ein Abbau des öffentlichen Gesundheitswesens?

Über die Hälfte der Erwachsenen ihres Landes rauchen mehr als fünfzehn Zigaretten pro Tag, ein Viertel der Männer trinken exzessiv Alkohol. Würden diese Zahlen sie überraschen? Sie stammen aus ausländischen Quellen, die ihr nicht zugänglich sind. Die eigene Regierung schweigt sich auch in diesen Belangen aus und lässt fremde Erhebungen und Befragungen nur in Ausnahmefällen zu. In einer Studie aus dem Jahr 2013 finde ich den Satz: »Das größte Hindernis bei der Erfassung des Gesundheitszustands in Nordkorea ist das Fehlen von gültigen und verlässlichen Zahlen.«

In Sea Chilbo sind wir am südlichsten Punkt unserer Reise angelangt. Uns trennen rund achthundert Straßenkilometer von der Hauptstadt Pjöngjang, als wir uns tags darauf wieder gegen Norden wenden. An einer Flussmündung waschen Frauen Wäsche, schwenken diese im Wasser, reiben auf den Steinen mit den Händen den Schmutz weg. In einem anderen Fluss wird von drei Männern ein Auto gewaschen. An den Häusern hängen da und dort rote Paprika zum Trocknen. Sie werden später im Mörser zerstoßen und dem koreanischen Nationalgericht Kimch'i beigegeben.

Die Straßen sind heute streckenweise mehr bevölkert. Zu den Erntearbeitern, die Feldfrüchte und dürre Maisstängel befördern, kommen die Leute, die mit dem Straßenunterhalt beschäftigt sind. Der Regen hat der Fahrbahn zugesetzt, sie muss wieder instand gesetzt werden. Nordkorea hat dazu ein besonderes System entwickelt. Am Rand der Fahrbahn liegen kleine Haufen von Kies, Sand oder Erde bereit, die zur Ausbesserung der Löcher dienen. Als Werkzeuge sind Schaufeln und Schaber im Einsatz. Ist ein Wegstück einigermaßen eben gemacht worden, sieht man als Abschluss der Arbeit da und dort jemand mit einem Reisigbesen die Oberfläche in großen Bögen glätten – eine Tätigkeit, die mich rührt. Auf den Brücken sind Brigaden damit beschäftigt, das Betonfundament der Geländer auszubessern, das am Zerbröseln ist.

»Wer ist für den Unterhalt der Straße verantwortlich?«, fragt Yu-mi nach hinten.

Herr Chang beugt sich vor, weil er sie im Fahrtlärm schlecht versteht.

»Die Gemeinden, zu denen der Abschnitt gehört«, schreit er zurück. »Sie schicken ihre Leute zur Arbeit aus. Für größere Arbeiten werden auch Bausoldaten abkommandiert.«

Im Auto ist der Unterschied zwischen den sanierten und den noch zu pflegenden Abschnitten kaum spürbar, der Rüttelquotient ist gleichbleibend hoch.

Die Häufchen am Straßenrand sind entweder neben der Straße weggegraben worden oder werden per Ochsenfuhrwerk, nicht selten auch auf dem Buckel einer Frau oder eines Mannes, aus einem Flussbett oder sonst woher zur Straße gebracht. Zwei Männer haben die Enden eines starken Tuches um ihre Schultern geschlagen, das zwischen ihren gebeugten Gestalten hin und her schwingt, darin transportieren sie große Steine. Diese dienen unter anderem zur Absperrung einer Fahrbahn. Sie werden auf den Boden gelegt, um die Autos umzuleiten. In der Regel gibt es indes keine Sicherung. Nähert sich ein Auto, hält man im Arbeiten ein, bis es vorbeigefahren oder besser vorbeigeprescht ist. Der Fahrer denkt auch bei einspuriger Bahn nicht daran, die Geschwindigkeit zu drosseln. Er hupt von Weitem, dann immer wieder, bis der letzte Arbeiter zur Seite getreten oder gesprungen ist. Auch an trockenen Tagen, an denen die Arbeitenden bei jeder Durchfahrt eines Wagens in dichte Staubwolken gehüllt werden, trägt niemand einen Mundschutz. Die Partei der Arbeit Koreas hat es in ihrer bald siebzigjährigen Herrschaft nicht geschafft, für Sicherheit am Arbeitsplatz zu sorgen. Wieder erwarte ich ständig einen Unfall, bin gespannt und unruhig, doch es passiert nichts.

Wir fahren durch ein Dorf, wo ein Dorffest im Gang zu sein scheint. Massen von Menschen drängen sich auf der einen Straßenseite dicht an dicht. Man sieht nur ihre Köpfe und Oberkörper, da ein Wall sie von der Fahrbahn trennt. Nein, es ist kein Fest. Auf einer Länge von vielleicht hundert Metern wird ein Graben ausgehoben; es wird wohl eine Leitung gelegt oder repariert. Leute jeden Alters, Frauen und Männer, auch Halbwüchsige sind im Einsatz, ein Gewimmel von Arbeitenden. Jeder und jede scheint genau zu wissen, was er und sie zu tun haben. Zahllose mit Werkzeugen Ausgerüstete verrichten hier ein Werk, das ein Bagger in kürzester Zeit erledigen könnte, in tagelangem Ringen mit der schweren nassen Erde – ein Bild, das mich an Darstellungen des Turmbaus zu Babel denken lässt. Wie sagte Herr Kang am ersten Tag, als er uns das Dorf zeigte, das nach einem Erdrutsch wiederaufgebaut worden war? Wir schaffen in Nordkorea das Unmögliche in gemeinsamer Arbeit.

Ch'ŏngjin, seine Schulen, seine Bibliothek

Ein Besuch in einem Kindergarten steht auf dem Tagesprogramm. Der Kindergarten befindet sich in Ch'ŏngjin, das wir auf der Fahrt in den Süden nur passiert hatten. Was uns erwartet, ist eine über einstündige Darbietung, die zum Besten gehört, was weltweit von Kindern zu sehen, zu hören, zu bestaunen ist, eine rasende, in raschen Wechseln ablaufende Revue aus Zirkusartistik, Tanz, Zauberei und virtuoser Musik. Auf dem Rad, im Paartanz, in clownesken Szenen bieten die Fünf- bis Sechsjährigen halsbrecherische Einlagen in einer perfekten Choreografie, stets lächelnd und grazil, als wäre es tatsächlich ein Kinderspiel. In wechselnden Kostümen, die Mädchen in farbigen Oberteilen und Röckchen, die Jungs in Hemd, Hose und Krawättchen, überbieten sie sich an Gelenkigkeit, Präzision und Tempo. Wenn sie sich an eines der traditionellen Volksinstrumente setzen, spielen sie wie erwachsene Virtuosen auf der Laute Wŏlgŭm, der Zither Kayagŭm, an der Sanduhrtrommel Changgu, sie spielen Violine und Klavier, auch vierhändig, mit anmutiger Leichtigkeit.

Wir sind die einzigen Zuhörer, es hat sich keine weitere Reisegruppe eingefunden. Heute ist Sonntag, eigentlich hätten die über dreißig Kinder frei; sie wurden allein für uns aufgeboten. Ihr Lächeln verrät keinerlei Unmut. Vermutlich treten sie ihrem Führer zuliebe auf. Ihm huldigen sie noch und noch, in solistischen und in Choreinlagen. Unermüdlich wird der Große Führer Kim Il-sung besungen und nicht weniger oft sein Nachfolger Kim Jong-un, die »Sonne für die ganze Welt«.

> Als zuverlässiger Himmel für unser Schicksal,
> als zuverlässige Stütze für unsere Seele ist er immer mit uns
> und gibt uns Hoffnung und Kraft.
> Genosse Kim Jong-un, unser Glück,
> Genosse Kim Jong-un, unsere Ehre.
> Das Volk lebt ewig in der Obhut
> von unserem Genossen Kim Jong-un.

»Chöre und Musik in der VR Korea sind bis auf wenige unpolitische Volkslieder ausschließlich politisch auf Indoktrination und Lobpreis der ›Obersten Führer‹ ausgerichtet«, schreibt das Deutsche Auswärtige Amt im März 2019 auf seiner Homepage. Eine unpolitische Kunst oder Musik existiere nicht. Gefeiert werden, neben den Bergen und der Natur, vor allem die Partei (»Wir gehen ewig unseren Weg«), die Hauptstadt (»Ich liebe Pjöngjang, Herz Koreas«), der Sieg über Japan und das Militär (»Sŏn'gun bewirkt das Glück des Volkes«).

Von kindlicher Spontaneität oder Lebensfreude, von Charme und Innigkeit ist in diesen perfekten Darbietungen nichts zu spüren. Die Lippen lächeln, die Augen erscheinen mir leer. Die Kinder bewegen sich wie aufziehbare Puppen. Dass es ganz junge Menschen sind, muss ich mir während der Vorführung immer wieder in Erinnerung rufen.

»Die kleinen Künstler wurden aus rund vierhundert Kindern ausgewählt und geschult«, sagt die Leiterin des Kindergartens, als wir die Treppen aus dem dritten Stock hinabsteigen.

»Ausgewählt und dressiert.« Yu-mi deutet auf die Fenster im Gang. Die Scheiben sind aus Milchglas. Den Kindern wird, wohl um sie bei höchster Konzentration zu halten, die Sicht nach draußen genommen. Nur der Vortragssaal bietet mit seinen durchsichtigen Scheiben Aussicht auf die umliegenden Häuser. Im ganzen Haus ist keine Dekoration zu sehen, keine Kinderzeichnung, kein Spielzeug noch sonst etwas, was an die kleinen Gäste erinnern würde, die hier ein- und ausgehen. Der einzige Schmuck befindet sich in der Eingangshalle. Flankiert von zwei eingetopften Sträuchern mit lila und weißen Blüten prangt dort ein mächtiges Gemälde von Kim Il-sung, mitten in einer Schar Kinder sitzend, die sich zutraulich an seine Brust drängen. Neben ihm steht sein Sohn Kim Jong-il, ein Kind auf dem Arm, bestürmt auch er von Mädchen und Jungen, lachend, fröhlich, Volk und Führer in harmonischem Einvernehmen.

Blinde Fenster in einem Haus voller Kinder – wiederum geradezu ein Sinnbild, das blitzartig die Situation des Landes aufscheinen lässt. Weggeblendet ist die Welt und was in ihr vor sich geht, die Schotten sind dichtgemacht, der Blick ist nach innen gerichtet. Das Prinzip der Chuch'e, wie es sich unvermittelt offenbart im Alltag eines singenden Kindergartens.

Etwas später sehen wir Schülerinnen und Schüler sich auf einem Platz tummeln, der groß ist wie ein Fußballfeld. Es ist der Hof der Mittelschule, der unser zweiter Besuch gilt. Er ist von Grasbüscheln bewachsen und wird eingefasst von langen zwei- oder dreistöckigen Schulgebäuden, die aussehen wie Kasernen. Auf einen Wink von Herrn Chang hin schlendern einige Burschen auf uns zu, die sich wie zufällig in der Nähe aufhalten, und lassen sich ohne große Begeisterung an zwei Steintischen nieder.

Mit ihren vierzehn Jahren haben sie ein Jahr Vorschule und fünf Jahre Grundschule hinter sich und befinden sich in der dreijährigen Grundstufe der Mittelschule. Nächstes Jahr werden sie in die Oberstufe übertreten, die nach ebenfalls drei Jahren ihre insgesamt zwölfjährige Schulzeit beenden wird. Einige von ihnen werden dann die Aufnahmeprüfung in die Universität machen, die anderen ins Berufsleben wechseln. Mit achtzehn werden die meisten von ihnen in die Armee eingezogen und dort eine lange Zeit verbringen.

Der Militärdienst in der Koreanischen Volksarmee dauert für Männer zehn Jahre, für Frauen sieben Jahre. Doch gibt es unzählige Abstufungen; wer an einer Universität studiert, dient nur ungefähr die Hälfte der Zeit in der Armee. Herr Chang sagt, er habe überhaupt keinen Armeedienst leisten müssen, da er als Einzelkind davon befreit gewesen sei. Andere wiederum werden elf Jahre einbehalten. Die nicht genau definierte Dauer scheint eines der Druckmittel zu sein, mit denen der Staat seine jungen Leute diszipliniert, begünstigt oder bestraft.

Yu-mi und ich sitzen je an einem Steintisch im Freien unerwartet und unvorbereitet drei Jugendlichen gegenüber, die viel lieber wieder Fußball spielen würden. Ob sie Geschwister haben? Nicken. Wie viele? Es folgt eine Zahl, drei, vier. Ob sie gerne Englisch reden? Nicken. Ob sie auch außerhalb der Schule Englisch zu hören bekommen?

»Ja«, sagt der mutigste.

Wo, am Radio? Am Computer? Schweigen. Hören sie auch englische Songs? Schweigen. Die Gesprächssituation ist für sie undurchsichtig. Sie wollen keine verdächtigen Antworten riskieren. Ob sie etwas von mir wissen möchten? Ja, ob ich Fußball spielte. Welche Hobbys ich hätte.

»Ich mache Yoga«, sage ich in der Hoffnung, dass dieses Wort den Nordkoreanern, Nachbarn der Yoganationen Indien, China und Japan, etwas sagt.

Keine Reaktion. »Wisst ihr, was Yoga ist?« Schweigen, Staunen.

»Ich spiele Didgeridoo«, sage ich. Keine Reaktion. »Das Instrument geht auf die Ureinwohner Australiens zurück. Wisst ihr, wo Australien liegt?« Schweigen.

Wie alt ich sei, fragt schließlich der Mutige. Natürlich, in Korea spielt das Alter des Gesprächspartners eine zentrale Rolle, ich hätte mich von Anfang an mit Beruf und Alter vorstellen sollen. Ich hole das nach und verbinde es mit einer Bemerkung, die sie auf vertrautes Terrain zurückbringen soll.

»Ich bin ungefähr so alt wie die Demokratische Volksrepublik Korea.« Keine Reaktion. »Könnt ihr mein Alter also erraten?« Schweigen. Sie schauen mich misstrauisch an.

Ich bin schweißgebadet, als Herr Chang hinzutritt und der Diskussion ein Ende setzt. Auf dem abschließenden Gemeinschaftsfoto gibt es zwei freundliche Gesichter, das von Yu-mi und das meine, und sechs unbeweglich in die Kamera blickende junge Leute. Dann sind sie erlöst, und wir steigen zurück in den wartenden Kleinbus.

Ob es an der Fremdsprache lag? Bei einem weiteren Schulbesuch jedenfalls lösen sich die Zungen. Wir treten in das Klassenzimmer einer oberen Mittelschule, die auf Fremdsprachen spezialisiert ist. Es ist eine Eliteschule mit sorgfältiger Fachbetreuung – auf dreihundert Schüler kommen dreißig Lehrer, die durchschnittliche Klassengröße beträgt zweiundzwanzig. Wir platzen mitten in eine Englischstunde. Die Lehrerin lädt uns ein, in der hintersten Bank Platz zu nehmen, und fährt im Unterricht fort. Karger Raum, eine Wandtafel. Siebzehn junge Damen und Männer in dunkelblauen Schuluniformen und mit tadellos geschnittenem Haar sitzen an je einem Holztisch, links die jungen Männer, rechts die jungen Frauen. Vor ihnen liegt ein aufgeschlagenes Buch. Man habe gerade ein neues Thema aufgegriffen und spreche über Zwillinge, erläutert die Lehrerin, wir sollten einfach zuhören.

Dann beginnt eine schwindelerregend rasche und animierte Lektion, die ihresgleichen sucht. Es gibt eine kurze Einführung ins Thema, dann werden die Studierenden aufgefordert, das Phänomen Zwillinge anhand einiger von der Lehrerin ins Spiel gebrachten Leitfragen zu zweit zu diskutieren, worauf wie auf Knopfdruck ein angeregtes Geschnatter einsetzt. Nach einigen Minuten gibt die Lehrerin das Zeichen zum Abbruch. Sie wiederholt nun die Fragen. Nach jeder schnellen siebzehn Arme in die Höhe. Die Paare, die aufgerufen werden, erheben sich federnd leicht vom Stuhl, geben in perfektem Englisch Auskunft darüber, was sie zu zweit besprochen haben, treten in einen kurzen Dialog mit der nachfragenden Lehrerin, setzen sich wieder. Kein Zögern, kein Stottern, es läuft wie am Schnürchen. Die Antworten erfolgen in elaboriertem Englisch, die Wortwahl ist präzise und differenziert. Jedem Pädagogen muss bei dieser Kadenz der Fragen und Antworten, bei diesem hundertprozentigen Mitmachen das Herz aufgehen.

Allerdings weiß auch jeder Pädagoge, dass eine solche Perfektion nur durch langes Üben möglich ist. Wir sind Zeuge einer einstudierten Lektion, die vielleicht bei jedem Besuch von Neuem abgespult wird. Staunen und Unbehagen halten sich die Waage, ähnlich wie beim Besuch im Kindergarten, dessen gleichsam intellektuelle Variante wir hier erleben.

Das Thema wird abgeschlossen durch die Aufforderung der Lehrerin, den Stoff im Buch nun nachzulesen. Vierunddreißig Hände blättern im Buch, das durch den vielen Gebrauch das Aussehen einer alten Kladde angenommen hat, die Köpfe beugen sich über den Text, Stille breitet sich aus.

Nun sind wir an der Reihe. Wir werden nach vorne gerufen und aufgefordert, die Studierenden zu begrüßen und mit ihnen zu sprechen.

»Hello everybody«, sage ich, worauf ein vielstimmiges *»Hello!«* zurückkommt, munter und spontan. Wir stellen uns und die Schweiz kurz vor. Die Studierenden erweisen sich als gut orientiert. Sie wissen um die Dreisprachigkeit unseres Landes, hören gespannt zu, als Yu-mi ausführt, dass als Folge davon alle Gesetzesartikel in die drei Landessprachen übersetzt werden müssen. Sie fragen nach politischen Institutionen in unserem Land, nach dessen Schulsystem.

»Ihr alle kennt jemanden, der in der Schweiz studiert hat«, sage ich augenzwinkernd. Als ich in lauter fragende Gesichter blicke, bereue ich die Bemerkung sofort. Die Schüler und Schülerinnen wissen nicht, dass Kim Jong-un in Bern studierte, als er in ihrem Alter war. Sein Auslandaufenthalt scheint in seiner offiziellen Vita nicht vorzukommen. Niemand von ihnen fragt indes nach, niemand gibt seinem Erstaunen Ausdruck. Das fremde Land fasziniert sie im Moment offensichtlich mehr als ihr Führer. Sie wollen wissen, welches das Nationalgericht sei, wie die Schweizer Flagge aussehe, was das Typische an der Hauptstadt sei, wie wir ihr Land fänden, wie Südkorea, wie Seoul. Sie sprechen mit ihren sechzehn, siebzehn Jahren erstaunlich gut Englisch, beteiligen sich mit Lust und Interesse am Gespräch, besonderen Spaß haben sie am Wort Rösti, das sie im Mund erproben, als äßen sie schon einen Happen davon. Nordkorea bleibt ausgespart. Es gibt nur zwei präzise Fragen dazu. »Waren Sie schon im Ch'ilbo-Gebirge?« Große Freude, als wir sagen, wir kämen von dort. »Waren Sie schon auf dem Paektusan?« Dass wir letzte Woche auf dem Krater standen, können sie kaum fassen. Niemand von ihnen war schon dort, es ist ein Sehnsuchtsort, umgeben von einer Aura von Geheimnis, einem Anflug von Heiligkeit, der ihn den Sterblichen entrückt.

Diesmal bedauern wir es, dass wir aufbrechen und weiterziehen müssen. Mit diesen aufgeweckten, wissbegierigen jungen Menschen hätten wir uns gerne länger unterhalten. Für die Dauer des Gesprächs war es, als stünden wir vor einem Publikum in irgendeinem Land auf der Welt, in den USA, in Frankreich, in Südkorea. Der Drill ist von ihnen abgefallen, die ideologische Indoktrinierung vergessen. Wenn dies die künftige Elite ist, so wach, so neugierig, so motiviert, wenn diese Studierenden so bleiben, sollten sie im Land einmal den Ton angeben, kann Nordkorea einen großen Schritt aus seiner Stagnation heraus und auf die übrige Welt zu machen.

Im Erdgeschoss erwartet uns die Schulleiterin und führt uns in den schmalen Repräsentationsraum der Schule. Hier hängen in nüchterner Dokumentationsmanier Bilder von Kim und Kim und Kim, dazwischen Fotos der besten Lehrer, der erfolgreichsten Schüler, Bilder von Diplomfeiern. In Vitrinen liegen, säuberlich nebeneinander, gebundene Publikationen von Schülern.

»Kann man sie kaufen?«, fragt Yu-mi.

Leider nein.

In Nordkorea gibt es etwa dreißig Universitäten, die sich hauptsächlich in Pjöngjang, aber auch in den größeren Städten befinden. Ch'ŏngjin, Hauptort der Provinz Hamgyŏng-pukto, besitzt drei davon, daneben mehrere Hoch- und Fachschulen. Eines der geistigen Zentren ist die öffentliche Bibliothek. Mit ihrer elektronischen Abteilung, 2012 von Kim Jong-un begründet, wird sie gerne vorgezeigt. Sie ist in einem magistralen Gebäude am zentralen Platz der Stadt untergebracht. Ihr Eingang, Teil einer Glasfront über einer langen Steintreppe, ist dem Revolutionsmuseum zugewandt, das wir anschließend besuchen werden. Im Erdgeschoss liegt die elektronische Abteilung, ein großer Raum mit Reihen von Tischen, auf denen Computer installiert sind. Vereinzelte Studentinnen und Studenten sitzen hinter den Bildschirmen beim Fernunterricht. Sie sind via Intranet an eine der großen Universitäten angeschlossen, die ihnen das Studienmaterial zur Verfügung stellt und sie an ihrem Unterricht beteiligt. Hard- und Software kommen aus China. Neben diesem Saal liegt der öffentlich zugängliche elektronische Lesesaal; auch er ist im Moment nur schwach belegt.

Neben diesem Paradestück der Wissensvermittlung fallen die traditionell ausgerüsteten Teile der Bibliothek im ersten Stock auf erschütternde Weise ab. Sie bestehen aus verschiedenen räumlich getrennten Fachbibliotheken, an deren Eingang jeweils eine Aufsichtsperson hinter einem Schalter oder einer Theke für die Bücherausleihe zuständig ist. Wer ein Buch ausleihen will, gibt ihr die Bestellung ab, worauf sie das Gewünschte aus den Beständen hervorholt. Die Schalter und die

Gänge sind leer. Niemand leiht ein Buch aus, niemand ist im großen Lesesaal mit seinen gegen hundert Plätzen zu erblicken außer einem älteren Mann, der einsam hinter einem Buch sitzt. Das ist in einer Universitätsstadt von rund 670 000 Einwohnern erstaunlich.

Wir lassen uns zur Abteilung mit belletristischer Literatur führen. Die Aufsichtsperson tritt aus ihrem kleinen seitlichen Wärterhäuschen mit Glasfenster an die Theke, hinter der die Regalreihen der Bücher beginnen. Yu-mi fragt nach einem nordkoreanischen Roman, von dem sie in einer südkoreanischen Zeitung gelesen hat. Die Frau schüttelt den Kopf, sie kenne weder das Buch noch den Autor. Offenbar hat sie die Bücher alle im Kopf, sie braucht nicht nachzusehen.

»Haben Sie fremdsprachige Bücher?«, frage ich.

Die Frau verschwindet hinter den Gestellen ohne nachzufragen, was ich genau suche. Sie kommt mit zwei Büchern zurück.

»Ist das alles?«, fragt Yu-mi, greift nach dem einen Buch und schlägt es auf. Es ist eine englische Übersetzung aus dem Jahr 1986 von Iwan Turgenjews *A Hunter's Sketches* (»Aufzeichnungen eines Jägers«), auf Russisch 1852 erschienen, ein auf schlechtes Papier kopierter Raubdruck, eingeschlagen in einen graubraunen Kartoneinband.

»Und du? Was hast du in der Hand?«, will sie wissen.

Das Buch, in dem ich blättere, sieht genau gleich aus wie das andere, dasselbe grobe Papier, derselbe Einband, dieselbe schlechte Druckqualität. Es ist *Betrayed Spring* von Jack Lindsay, eine Ausgabe von 1985. Der Roman des linken australischen Vielschreibers Lindsay ist ursprünglich 1953 erschienen, lese ich später zu Hause.

Erfreut über unser Interesse, ist die Angestellte nochmals

ins Halbdunkel der Gestelle getaucht und legt kurz darauf ein Buch von Anna Seghers vor uns hin, *Das siebte Kreuz*, ein Raubdruck aus dem Jahr 1979 des 1942 erschienenen Werks.

Das ist die Ausbeute. Drei Universitäten, mehrere Fachhochschulen, ein Einzugsgebiet von 700 000 Einwohnern, in der öffentlichen Bibliothek drei fremdsprachige Bücher im Bereich Belletristik, zwei englischsprachige und ein deutschsprachiges. Alle drei angeschafft zur Zeit von Großvater Kim Il-sung in den siebziger und achtziger Jahren des 20. Jahrhunderts. Die Frau scheint unsere Ratlosigkeit zu bemerken. Sie macht einen Schritt zum vordersten Gestell, wählt ein weiteres Exemplar aus, das sie uns hinlegt. Es ist neueren Datums, Kim Jong-uns politische Schriften auf Englisch. Wir haben genug gesehen und bedanken uns höflich.

Ich stelle mir eine der Studentinnen aus der Eliteklasse vor, die Englisch studieren will und aus irgendeinem Grund, den sie selbst nicht kennt, an keine Universität in Pjöngjang zugelassen wird, sodass sie ihr Studium in dieser Stadt aufnimmt. Wie sie dann hier steht, am gleichen Desk wie wir, und nach englischsprachiger Belletristik fragt. Wie sie Jack Lindsays Buch in den Händen hält, *Betrayed Spring*, im Frühling ihres Lebens, *betrayed* – hintergangen.

Kim und Kim und Kim

Herr Chang fragt, ob wir Lust hätten, uns ein Denkmal der Führer anzusehen. Wir hatten uns schon gefragt, wann wir denn eine der monumentalen Bronzestatuen aus der Nähe zu Gesicht bekämen, von denen es über 30 000 im Land geben soll. Im Vorbeifahren hatten wir mehrere aus der Ferne gesehen. Sie stehen unübersehbar auf einer Anhöhe oder am Hang über einer Stadt, oft in der Verlängerung der Hauptverkehrsachse. Nachts sind sie beleuchtet. Viele von ihnen verfügen über eine eigene Stromversorgung, um auch dann, wenn rings der Strom ausfällt, sichtbar zu bleiben.

»Aber klar«, sagt Yu-mi mit unverhohlener Begeisterung.

»Und Sie?«, fragt Herr Chang. Diesmal scheint ihm unser Einverständnis wichtig zu sein.

»Unbedingt.«

»Sie wissen, dass man sich vor dem Denkmal verbeugen muss?«

»Kein Problem.«

Der Bückling vor dem Standbild des Diktators ist bei westlichen Besuchern äußerst unbeliebt. In Reiseberichten und Videos wird er als anstößig, überflüssig, demütigend, geschmacklos verurteilt. Die Fremdenführer sind vorsichtig; sie wollen keine Szene vor dem Abbild des Führers.

Die Statuen sind, wie offizielle Bauwerke generell, aus Material gebaut, das man im Land sonst nicht antrifft – Bronze, Marmor –, peinlich sauber und poliert. Sie strahlen durch ihre schiere Materialität und Größe Vertrauen, Sicherheit und eine Aura von Ewigkeit aus. Meist führen eine oder mehrere Treppen aus hellem Stein zu einem Halbrund, das von Blumen gesäumt ist und in dessen Mitte sich die Kolossalstatue erhebt, der Große Führer, der mit der ausgestreckten Hand über das Land zeigt. Manchmal leistet ihm sein Sohn Gesellschaft, dessen Gestalt ab 2013 hinzugefügt wurde.

Wir stehen auf dem zentralen Platz von Ch'ŏngjin. Auf drei Seiten ist er von Wohnblocks umgeben, auf der vierten wird er durch die Anlage verlängert, auf der die Statue steht. Die Anlage ist flankiert von der öffentlichen Bibliothek und dem Revolutionsmuseum, die mit der Statue zusammen eine architektonische Einheit bilden. Von der Mitte des städtischen Platzes aus bietet sich ein Foto geradezu an. Herr Rhee hält mich zurück.

»Von hier aus darf das Monument nicht fotografiert werden.«

»Warum nicht?« Es sind kaum Leute auf dem Platz.

Herr Rhee zeigt in Richtung Statue: »Sehen Sie die Stromleitung dort? Sie würde den Anblick stören.«

Ich warte, bis wir die störenden Drähte hinter uns gebracht haben, und hebe abermals die Kamera. »Halt!«, ruft nun Herr Chang. »Kein Bild von der Seite!«

Dass die Monumente weder von hinten noch angeschnitten abgelichtet werden dürfen, war mir bekannt. Nun also auch nicht von der Seite.

Noch haben wir das mit hellen Platten belegte Halbrund nicht betreten, werden wir gebeten, unsere Rucksäcke am

Rand des Platzes zu lassen. Man tritt ordentlich vor den Führer – so wie ich gesammelt und ordentlich in der katholischen Kirche vor Gott treten sollte, an einem Ort, wo er selbst anwesend war. Wo einen sein Bannstrahl traf, wenn man es an der nötigen Andacht fehlen ließ.

Kim Il-sung hatte seine Lektion gut gelernt. Als Abkömmling von gläubigen Protestanten – sein Onkel war Geistlicher, sein Vater zeitweise in der Mission tätig – war er mit den Riten der Anbetung bestens vertraut. Er hat sie als Grundlage des Führerkults übernommen und dem paternalistischen Denken des verbreiteten Konfuzianismus aufgepfropft. Seine Nachfolger haben sie zu einem System perfektioniert, das sich von einer religiösen Gottesdiktatur nicht unterscheidet. Eine Verfassungsänderung beförderte Kim Il-sung 1998 posthum zum «Ewigen Präsidenten». Kim Jong-il seinerseits wurde 2012, vier Monate nach seinem Tod, zum «Ewigen Generalsekretär der Partei der Arbeit Koreas» erklärt. Die Posten blieben für sie reserviert und wurden nicht neu besetzt. Seither sitzen zwei Geister an der Spitze des Landes und der Partei.

Die Fetischisierung von Führerbildern hat bis heute groteske Auswüchse, die täglich zu erleben und aus unzähligen Berichten bekannt sind. Barbara Demick beschreibt die Wohnung einer nordkoreanischen Familie, wo an einer sonst kahlen Wand ein gerahmtes Porträt von Kim Il-sung hängt. »Es war nicht erlaubt, etwa anders an dieser Wand aufzuhängen, nicht einmal Bilder von Blutsverwandten. [...] Die Arbeiterpartei gab die Porträts kostenlos aus, zusammen mit einem weißen Tüchlein, das in einer unterhalb der Bilder deponierten Schachtel aufzubewahren war. Es durfte nur dazu verwendet werden, die Porträts zu säubern [...]. Etwa einmal im Monat erschienen unangemeldet Inspektoren der Ordnungspolizei, um zu überprüfen, ob die Porträts sauber waren.« Das war in den siebziger Jahren. Und 2019 ist in einer Arte-Dokumentation die Aufnahme eines Ventilators zu sehen, der in der Sommerhitze vor einem Bild des Führers steht und dessen Antlitz kühlt.

Die verordnete Verehrungskultur hat Weltbild und Verhalten der Menschen in Nordkorea tief geprägt. Für die Generationen, die nach 1950 heranwuchsen, sind Kim und Kim und Kim die nicht hinterfragbaren Herrscher, die Unfehlbaren, denen sie alles verdanken und die das Land gegen alle äußeren Feinde verteidigen. Da noch der leiseste Zweifel an den Führern mit Hinrichtung oder Arbeitslager geahndet wird und durch die Abschottung des Landes jedes alternative Denken ausgesperrt wird, ist diese Doktrin in den Köpfen und Herzen fest verankert. Brian Reynolds Myers, ein Kenner Nordkoreas, kommt in seinen Studien 2011 zu dem Schluss, das nordkoreanische Volk glaube aufrichtig und rückhaltlos an die Gerechtigkeit des nordkoreanischen Sozialismus.

Gerade verlässt eine ältere Frau, die tief gebückt mit einem kurzstieligen Reisbesen die letzten potenziellen Stäubchen vom Steinboden gefegt hat, den Kultplatz. Am Fuß der Freitreppe nimmt uns eine in traditionelle Tracht gekleidete Frau in langem blauem Kleid in Empfang. In ihrer Begleitung betreten wir das geweihte Gelände, gefolgt von den Herren Chang und Rhee, wie eine wichtige Delegation. Auf dem Platz vor den Statuen gehen wir gemessenen Schrittes vor bis zu einer in den Boden geritzten Linie, der entlang unsere Schuhspitzen sich auszurichten haben. Wir stehen nun exakt nebeneinander. Eine solch akkurate Aufstellung kenne ich noch aus der Rekrutenschule, als wir mit Helm, Gewehr und Vollpackung einer gespannten Schnur entlang regungslos auf dem

Kasernenplatz zu stehen hatten. Zu beiden Seiten blühen Blumen, aus ihrer Mitte erklingt dezent klassische Musik, die sich nicht einordnen lässt. In ihrer Gravität erinnert sie an Wagner, hat aber keine erkennbaren Motive und Themen. Vor uns erhebt sich die metallene Wucht zweier Riesen, jeder auf einem Sockel stehend, Kim Il-sung in lässig offenem Mantel, die Hände auf dem Rücken, sein Sohn eine Hand in die Tasche der offenen Jacke gesteckt, die andere ebenfalls auf dem Rücken. Zwei Übermenschen, so groß, dass ihnen die zurückgekämmten Haare in mehrere Zentimeter dicken Strähnen über den Kopf laufen. In einer Reihe stehend verbeugen wir uns gemeinsam.

Von hier aus dürfen auch Fotos gemacht werden. Nur das ganze Ensemble, nicht angeschnitten, nur streng von vorn. Ich zeige das Bild, das aussieht wie alle Bilder aller Statuen aus ganz Nordkorea, Herrn Chang, der anerkennend nickt.

Dann stehen wir in der Halle des Revolutionsmuseums. Taschen und Rucksäcke haben wir am Empfang abgegeben. Herr Chang schaut mich an. Ich blicke an mir herunter; alles ist in Ordnung, Schuhe sauber, Hose sauber, Jacke übergezogen.

»Nehmen Sie bitte den Kaugummi aus dem Mund«, sagt er.

Wir setzen uns in Bewegung Richtung Saal 16. Von 23 Sälen werden wir die Säle 16 bis 21 sehen. Aus einer offenen Tür dringen Stimmen und Lachen auf den Korridor. Das ist in diesen Hallen so etwas wie Kaugummikauen. Die Führerin im blauen Kleid beschleunigt ihren Schritt und stößt die Tür mit einer aggressiven Geste zu.

Schließlich öffnet sie die hohe Holztür, die in Saal 16 führt, und wir treten ins Dunkle. Die Führerin muss erst am Schalter das Licht andrehen. Sie wird von Saal zu Saal Licht machen,

Herr Rhee löscht es hinter uns Saal um Saal wieder. Von den 300 000 Besuchern im Jahr sind jetzt zwei anwesend.

Was uns entgegenschlägt, als das Licht angeht, ist erst einmal Leere. Vergeblich sucht man in den Sälen nach Ausstellungsobjekten. Das ist in Korea nicht außergewöhnlich. Wer in Seoul etwa das Museum für Zeitgeschichte besucht, das die gleiche Zeit im Fokus hat, trifft auf eine ähnlich zurückhaltende Bestückung der Räume. Hier aber wirken die Säle wie überdimensionierte Schulzimmer, aus denen die Bänke und die Wandtafel entfernt wurden. Der Lehrer hat für sein Thema alte Fotos gesammelt, die er mit schriftlichen Kommentaren versehen an die Wand gehängt hat. In die Vitrinen darunter hat er passende Gegenstände gelegt.

Die Wand ist unterteilt in die allgemeine Landesgeschichte und die Lokalgeschichte. Die obere Reihe ist der Heldenreise gewidmet, Kim und Kim und Kim bei ihren Reden, Besuchen, diplomatischen Empfängen, Unterredungen, Einweihungen. In der unteren kommen die kleineren Erzählungen zur Sprache, das, was sich in regionalem und lokalem Rahmen abgespielt hat, von einer Grundsteinlegung bis zu Massenaufmärschen.

Die Führerin steht in ihrem langen Kleid andächtig vor den Fotos, auf die ihre rechte Hand in ausladender Geste deutet, während die linke auf ihrem Herzen ruht. Es ist nicht zu ersehen, was hinter ihrem gleichbleibend freundlich lächelnden Gesicht während ihrer Erläuterungen vor sich geht. Sie könnte tief gläubig sein, und das Gesagte kommt ihr von Herzen. Man weiß, dass nach dem Tod Kim Il-sungs viele Leute sich vor Trauer verzehrten. Menschen, die später das Land verließen, berichten von Szenen unverstellter Verzweiflung, die sich auf Straßen und Plätzen abspielten. Wer die Verzweiflung nicht teilte, tat als ob, um nicht aufzufallen. Echte und gespielte Betroffenheit waren nicht auseinanderzuhalten.

Die junge Frau nennt die Führer immer respektvoll bei den vollen Namen. Der Geliebte Führer Präsident Kim Il-sung habe die Stadt fünfzigmal mit seinem Besuch beehrt, der Glorreiche General Kim Jong-il dreiundfünfzigmal. Sie hätten sich persönlich um deren Schicksal gekümmert und den Anstoß zu den wesentlichen Bauten gegeben, der General etwa den zum großen Stahlwerk. General Kim Jong-il habe in seiner Bescheidenheit keine Statue von sich gewünscht. Erst nach seinem Tod habe Marschall Kim Jong-un, der die Stadt schon zweimal besucht habe, dem Drängen der Bevölkerung nachgegeben. Das Monument seiner Vorfahren, das wir eben besucht haben, wurde 2014 eingeweiht.

Freilich hat Kim Jong-il den Grundstein zu einem stabilen Denkmal der Kim-Dynastie schon viel früher gelegt. Seine Militär-zuerst-Politik brachte die Engführung von Partei und Armee, deren Interessen nun in den Händen der Kim-Familie vereint wurden. Der Glorreiche General erhob seine Schwester Kim Kyŏng-hŭi 2010 in den Rang eines Viersternegenerals, ebenso seinen Sohn Kim Jong-un, beide ohne nennenswerte militärische Erfahrung, und ernannte sie zu Mitgliedern der Nationalen Verteidigungskommission. Mit seinem Tod stieg Kim Jong-un zum Oberkommandierenden der Koreanischen Volksarmee auf – ein Ausdruck davon, dass die Prinzipien einer Erbmonarchie in Nordkorea sowohl für die politische als auch die militärische Gewalt gelten.

Wir erfahren von unserer Führerin, dass der Geliebte Führer Genosse Kim Il-sung die Bevölkerung aufforderte, Bäume zu setzen, dass er dazu ermunterte, Mais anzupflanzen, Kohle zu fördern – Kohlestücke sind in einer Vitrine ausgestellt –,

Ginseng anzubauen – in Gläsern sind in Spiritus die Ginsengpflanzen zu sehen, die er in der Hand gehabt hat. Eine andere Vitrine zeigt einen alten Bekannten, den Knotenstock aus dem Kaesim-Tempel, den ihm der Abt schnitzte; dies ist eine Kopie. Von den Reliquien und Bildern dürfen keine Fotos gemacht werden. Im Innern des Tempels fotografiert man nicht.

Geschichte, das bedeutet hier Geschichte der Befreiung von der japanischen Besetzung, Geschichte der Führer, der Armee, der Partei. Darüber hinaus gibt es keine Zeit. Es gibt kein Ausland außer bei vereinzelten Staatsbesuchen und Treffen mit den Potentaten anderer Revolutionsstaaten. Es gibt keine Abschweifungen in Kultur oder Kunst, schon gar nicht in das Leben der einfachen Leute. Am Ende des letzten uns zugänglichen Saals öffnet die junge Frau die Tür, wir treten vom Parkettboden auf den Steinboden des Korridors, Herr Rhee löscht das Licht.

Die ungewissen Jahre

Während des Abendessens im Hotel unterhält sich Yu-mi auf Koreanisch mit den Führern. An der Wand hinter Herrn Rhee läuft der Fernseher, es wird ein Besuch des Marschalls Kim Jong-un auf einer Baustelle gezeigt. Ein gewaltiger Komplex ist im Entstehen, die Wände sind bereits hochgezogen, eine Bauetappe ist abgeschlossen. Der hohe Besucher gibt Anleitungen, wie nun der Innenausbau vorzunehmen sei. Ich bin so fasziniert von seinem Auftritt als oberster Bauherr, dass ich zu essen vergesse.

Herr Rhee dreht sich zum Fernseher um, er will sehen, was mich derart fesselt. Das sei der Bau des Munsu Water Park in Pjöngjang, erfahre ich. Der Mitschnitt ist demnach einige Jahre alt. Er stammt schätzungsweise aus dem Jahr 2013, wenige Monate vor der Eröffnung im November 2013. Der riesige Wasservergnügungspark entstand in einer Bauzeit von nur neun Monaten.

Solche Vor-Ort-Anleitungen nimmt der junge Führer, wie schon sein Vater Kim Jong-il, regelmäßig im ganzen Land vor, um sich informieren zu lassen, Arbeiten zu überwachen, auf Fehler hinzuweisen und zu sagen, wie es weitergehen soll. Einmal lässt er sich in einer Landwirtschaftskooperative sehen, einmal in einem Kindergarten, einer Fabrik, einem Raketenkontrollzentrum, einmal kümmert er sich um den Stand des Wiederaufbaus in einem Katastrophengebiet. Vor einigen Tagen wurde er im Fernsehen beim Besuch der zweitgrößten Universität Nordkoreas gezeigt, der Technischen Universität Kim Ch'aek in Pjöngjang, die dieses Jahr ihr siebzigstes Jubiläum feiert. Ich stand in der Lounge des Hotels in Rajin und sah ihn im Fernsehen auf einem Stuhl sitzend mit Professoren, die ihn in ehrfurchtsvollem Abstand umstanden. Er sprach mit den bestimmenden Gesten eines Rektors, der den frisch immatrikulierten Studenten den Lehrbetrieb erklärt. Der Ton war ausgeschaltet, die Professoren hielten Stifte und kleine Büchlein in der Hand, in die sie mit konzentrierten Gesichtern Notizen machten. Dazwischen wurden Bilder von einer voll besetzten Tribüne mit Fähnchen schwenkenden Leuten eingeblendet.

Nun sein Auftritt im zukünftigen Vergnügungspark mit Architekten, Bauleuten und Parteivertretern, auch sie mit gezückten Büchlein in den Händen. Die Szene ist nicht weniger eindrucksvoll. Kim Jong-un steht vor den Kulissen einer gigantischen Baustelle, hinter ihm ein weiter Innenraum, vor dem Himmel das Skelett einer kuppelartigen Decke. Der Herrscher steht breitbeinig, wie man ihn kennt, zeigt mit der ausgestreckten Hand in eine Richtung, wohin die Kamera jetzt schwenkt, zu einem breiten Durchgang, der in einen weiteren Raum führt, unfertig auch er. Wieder Kim Jong-un im Bild, der sagt, was dort drüben zu geschehen habe, ohne dass die Fernsehzuschauer seine Worte zu hören bekommen.

Er ist ganz Architekt, zeigt mit den Händen die Dicke von etwas an, zieht dieses Etwas in die Länge, ballt die Faust, wendet sich an die Männer, von denen einige nicken, manche sich etwas notieren, die Stirn in Falten gelegt. Sie machen alle eine halbe Drehung, schauen in eine andere Richtung. Die Kamera folgt, und eine weite Betonlandschaft mit großen flachen Vertiefungen im Boden kommt ins Bild. Genosse Kim hat sich inzwischen weiterbewegt, er stellt sich an eine Säule, zeigt mit ausgestrecktem Arm hinaus in die Bauzone und erklärt, wie dort und dort und dort weiter zu verfahren sei. Er deutet auf den einen Herrn im Kreis, auf weitere, setzt ihnen auseinander, was er von ihnen erwartet, was sie zu tun haben. Man sieht in dieser Pantomime, die vom Kommentar einer Fernsehjournalistin untermalt wird, keinen der Herren den Mund aufmachen. Alle Fragen werden am Schluss geklärt sein. Alle Mitwirkenden werden wissen, was sie zu tun haben. Kein Zweifel wird bleiben, dass dieses Bauwerk dem Volk und der Revolution dient. In seiner Rede auf der siebten nationalen Sportkonferenz drückte sich der Führer im März 2015 so aus:

> Der Sport spielt eine sehr wichtige Rolle, wenn es darum geht, die Stärke der Nation zu festigen, Glanz auf Ansehen und Ehre des Landes zu werfen, das Volk durch nationalen Stolz und Würde anzuspornen und die ganze Gesellschaft mit revolutionärem Elan zu durchdringen.

Auf einmal kommen Arbeiterinnen und Arbeiter ins Bild. Sie stehen in einem unfertigen Schwimmbecken, viele Dutzende, das ganze Bassin ist voll von winkenden, lachenden Menschen, auch um das Becken herum und auf den Mauern drängen sich Leute in Arbeitsuniform wie auf der Bühne eines Freilichttheaters. Von allen Seiten brandet der Applaus heran. Er ist wenn nicht zu hören, so doch zu sehen.

Die Bilder wechseln zwischen der Menge und dem Instruktionen erteilenden Führer. Die Botschaft ist eindeutig. Das Volk verdankt den angehenden Wasserpark ihm, dem Vorausschauenden, dem für alle Sorgenden. Er ist immer zur Stelle, wenn man seine Ratschläge braucht. Ohne ihn geht es nicht, mit ihm jedoch ist alles möglich. Eine Kamerafahrt durch einen Durchgang eröffnet die Sicht auf einen rundlichen Pool. Baugerät steht herum, und ich denke an das Gerüst, das wir in einer Kleinstadt vor einigen Tagen gesehen haben, roh behauene Stämme von dünnen Bäumen als Stützen, grob bearbeitete Bretter als Bohlen. Arbeiter trugen schwere weiße Backsteine hoch. Der Fortschritt, den die Fernsehsendung zeigt, ist relativ. Das führt auch das Bild selbst vor, das von Zeit zu Zeit zu flimmern beginnt, in sich zusammenfällt und sich wieder neu aufrappelt. Der Auftritt des Führers und der Aufmarsch der Arbeitenden wirkt wie aus der Zeit gefallen – aufgenommen in den fünfziger Jahren, als die Technik darum kämpfte, die Übertragung pannenfrei in die Wohnzimmer zu bringen.

Gegen Ende des Fernsehberichts glaube ich die Frau zu sehen, die vor einigen Tagen mit einem Schaber die verschüttete Straße freiräumen half. Sie steht auf einer Mauer über dem künftigen Schwimmbecken, die Hände applaudieren, den Kopf trägt sie hoch erhoben. Die schwarzen Haare sind hochgesteckt, der Körper ist ganz aufrecht. Wenn sie damals an diesem Bau mitgearbeitet hat, der den Anschluss Nordkoreas an den Luxus westlicher Freizeitangebote vollziehen soll, war sie aus dem Norden abkommandiert in die Hauptstadt, wo für das forcierte Tempo der Realisierung ein Heer von Arbeitenden aus dem ganzen Land zusammengezogen wurde. Inzwischen ist der Bau abgeschlossen, der Park erfreut Einheimische und Touristen gleichermaßen mit seinen Attraktionen: Innen- und Außenschwimmbecken, Kinderplantschbecken, Wellensimulator, Wasserfälle, Rutschbahnen, eine Kletterwand, Verpflegungsstätten, Liegeplätze, Frisörsalons, Trampolins, Volleyballplätze stehen ihnen zur Verfügung. Hier, in Pjöngjang, baute sie an der Zukunft mit.

Inzwischen ist sie wieder nach Hause zurückgekehrt und wird bei Straßen- und Landarbeiten eingesetzt. Das ist nicht die Zukunft, die sie in der Hauptstadt einige Monate lang zu sehen bekommen hat, nicht die Zukunft, die in den Reden des Führers entworfen wird. Wohin ist das Land unterwegs? Wie sehen die Möglichkeiten aus, die sich ihm bieten?

In der selbst gewählten Autarkie kann ihr Land nicht mehr lange bleiben. Zu abhängig ist es in seiner Armut und seiner Rückständigkeit von der Unterstützung aus dem Ausland. Eine vorsichtige, kontrollierte Öffnung wurde von den Machthabern in der Vergangenheit immer wieder versucht. Eine Annäherung an das reichere, hoch industrialisierte Bruderland Südkorea steht seit Jahren auf der Agenda. Dass dieser Staat bei einer Wiedervereinigung mit dem Süden seine Souveränität aufgeben würde, ist bei seinem demonstrativ zur Schau getragenen Selbstbewusstsein kaum denkbar; eine Annexion wird die Führung nicht zulassen. Eine Öffnung ja. Aber welche? Und wie?

Nordkorea ist gewiss ein Sonderfall. Doch es gibt Beispiele von Ländern, die sich in einer vergleichbaren Lage befanden, bevor sich in ihnen radikale Veränderungen vollzogen. Unter den Diktaturen, die sich einen sozialistischen oder kommunistischen Anstrich gaben, lassen sich zwei Extremfälle ausmachen, die ein mögliches Szenario für die Entwicklung Nordkoreas abgeben könnten. In dem einen Szenario kann sich die

Partei an der Spitze behaupten, im anderen finden freie Wahlen statt. Der zweite Fall würde das Ende der Kim-Herrschaft bedeuten. Heute scheint ein Nordkorea ohne Obersten Führer unvorstellbar zu sein. Genauso unvorstellbar war das bei einem Regime, das seinen Kurs wie Nordkorea in beharrlicher Isolation beibehielt, seine internen Gegner radikal verfolgte und vernichtete und einer Veränderung der Machtverhältnisse bis zu seinem Ende entgegenstand – in Albanien.

Enver Hoxha konnte sich wie Kim Il-sung nach einem Partisanenkrieg – gegen Hitlers Wehrmacht – als kommunistischer Führer seines Landes etablieren. Er setzte 1945 eine Bodenreform durch, in deren Verlauf der Großgrundbesitz zunächst an landlose Bauern aufgeteilt wurde. Er vergrößerte die Anbaufläche durch die Trockenlegung von Sümpfen, installierte ein Bewässerungssystem, kollektivierte die Landwirtschaft. Dem Land verpasste er einen gewaltigen Industrialisierungsschub, verbesserte die Infrastruktur, baute das Schulsystem aus. Erfolgreich bekämpfte er Hunger und Analphabetismus. Immer mehr kapselte er Albanien vom Rest der Welt, auch der sozialistischen, ab, überwarf sich mit Tito, mit Stalin, später mit Mao und schlug einen eigenen Weg ein. Was den Kims das Atomprogramm ist, war Enver Hoxha ein System von Hunderttausenden von Betonbunkern, vom Wahn genährt, man sei auf sich selbst angewiesen und müsse sich gegen eine Invasion von außen wappnen.

Die Parallelen zu Kim Il-sung sind auch innenpolitisch frappant. Die regierende Kommunistische Partei Albaniens schaltete gnadenlos jede Opposition aus, verfolgte Intellektuelle und zerschlug alle Konkurrenzsysteme, die ihr gefährlich werden konnten, allen voran die der Religionen. Die bürgerlichen Freiheiten wurden unterbunden, Reisen innerhalb des

Landes verboten. Ein Netz von Spitzel- und Geheimdiensten erstickte jede eigenwillige Regung im Keim.

1991 wurde das Regime gestürzt. Geholfen haben dabei die geopolitischen Veränderungen – der Zusammenbruch des sozialistischen Osteuropas kam der wachsenden inneren Unzufriedenheit entgegen.

Was geschah nach dem Umsturz? Verhalf dieser dem Volk zu einem besseren Leben?

Erst einmal setzte eine Massenflucht ein. Seit Mitte der neunziger Jahre hat ein Drittel der Bevölkerung das Land verlassen. Wer im Land blieb, erlebte eine Folge von Wirtschaftsreformen. Die gewählte Regierung öffnete das Land für Investoren. Es begann der große Ausverkauf von staatlichem Besitz. Die Landwirtschaft wurde privatisiert, ebenso die staatlichen Wohnungen und die Kleinindustrie, ab 1995 auch die Großindustrie. Eine neoliberale Wirtschafts- und Steuerreform, die vor allem ausländischen Geldgebern und jungen, im Ausland ausgebildeten Eliten zugutekam, führte zur Verarmung eines Teils der Bevölkerung. Statt seine Institutionen zu demokratisieren, für Rechtsschutz und Sozialprogramme zu sorgen, überließ der Staat das Feld dem, was euphemistisch »Marktkräfte« genannt wird. Korruption, Drogenhandel, die Vernachlässigung der Infrastruktur, ein unkontrollierter Bauboom sind bis heute die Folgen. Die Landwirtschaft, das Schulwesen und die Gesetzgebung müssten reformiert werden. Die Versorgung mit Wasser und Strom ist für weite Teile des Landes mangelhaft geblieben. Auch fehlt eine effiziente Abfallentsorgung. Albaniens Umbruch brachte der Bevölkerung nicht das, was sie sich von einem Neubeginn erhofft haben könnte.

Die Vorstellung, dass nach einem Sturz des Kim-Regimes in Nordkorea die Nachfolgeregierung ausländischem Kapital aus

Südkorea, China, Japan, den USA, Europa und arabischen Ländern Tür und Tor öffnen könnte, gibt wenig Anlass zu Zuversicht. Ohne eine griffige Gesetzgebung zum Schutz der Bevölkerung, ohne einen streng begrenzten Verkauf staatlichen Eigentums, ohne Ausbau der staatlichen Infrastruktur, der Schulen, öffentlichen Dienstleistungen könnten bald Zustände wie in Albanien herrschen. – Wäre es denn erfolgversprechender, die Partei der Arbeit Koreas bliebe bei der Umgestaltung des Landes an der Macht und würde Nordkorea schrittweise zur Staatengemeinschaft hin öffnen?

Einige Staaten in Nordkoreas Nähe sind diesen Weg gegangen, allen voran China. »Die Chinesen haben ein effizientes System geschaffen, das leninistische Einparteienherrschaft mit kapitalistischem Konsumismus und digitaler Kontrolle verbindet«, schreibt Joschka Fischer. »Das ist neu.« Die ganz andere Geschichte Chinas, seine Größe, sein weltpolitischer Einfluss machen den Vergleich schwierig. Für einen solchen bietet sich hingegen ein anderes Land an, das wie Nordkorea einen schweren Krieg und eine schmerzhafte Teilung erlebt hat, Vietnam. Wie Nordkorea ist Vietnam traditionell ein Agrarstaat, dessen bebaubare Fläche sehr begrenzt ist; zwei Drittel nehmen Berge und Hochebenen ein. Die kommunistische Partei hat seine Umgestaltung selbst in die Hand genommen. Dass nicht eine einzige Person an ihrer Spitze steht, sondern ein Kollegium, macht keinen Unterschied, umso weniger, als nicht bekannt ist, wie die Strukturen in Nordkoreas innerstem Machtzirkel aussehen.

1986, zehn Jahre nach der Ausrufung der Sozialistischen Republik Vietnam, verabschiedete die Partei ein Reformprogramm. Die Agrargenossenschaften wurden aufgelöst, der Grund und Boden wurde den Bauern zur Bewirtschaftung überlassen, blieb aber in Staatsbesitz. Zugleich wurde das Land für ausländische Investitionen geöffnet. 1994, nach dem Ende des Handelsembargos durch die USA, begann die systematische Umwandlung Vietnams von einer Agrar- in eine Industrie- und Dienstleistungsgesellschaft. Seither hat sich die Zahl der in der Landwirtschaft Tätigen halbiert; deren Beitrag zum Bruttoinlandprodukt ist auf ein Drittel seines damaligen Werts gefallen. Der Agrarsektor wurde marginalisiert, riesige Agrarflächen wurden zweckentfremdet und in städtische, industrielle oder touristische Entwicklungszonen umgewandelt. Nach wie vor regiert die Partei mit eiserner Hand und hält alles unter strenger Kontrolle.

Wie sähe das Leben in Nordkorea aus, wenn der Staat dem Beispiel Vietnams folgte? Was könnte es für jemanden wie die Frau, die geholfen hat, die Straße freizuräumen, für Auswirkungen haben? Wie könnte ihre Zukunft aussehen? – Sie lebt, nehme ich an, in der Umgebung der Straße, wo wir ihr begegneten. Die Straße ist inzwischen nicht nur saniert, sie ist zu einer gut ausgebauten Verkehrsader geworden, die den Süden des Landes mit der früheren Sonderwirtschaftszone Rasŏn und mit China verbindet. Auf ihr bringen Sattelschlepper aus der Hauptstadt industrielle Güter und Maschinen in die Provinz.

Das Dorf, in dem sie gewohnt hat, lag über dem Meer. Man hatte einen herrlichen Blick über das abfallende Land hinunter zur Küste. Das von ihr und den anderen Bauern bewirtschaftete Land ist inzwischen zu Bauland umgezont worden; es soll einer Immobiliengesellschaft gehören und liegt brach. Möglicherweise hat es inzwischen die Hand gewechselt; das weiß niemand genau. Die Medien sind überwacht; es gelangen kaum Nachrichten über die Besitzverhältnisse an die Öffentlichkeit.

Die Einwohner wissen nur, dass die Entschädigung, die sie vom Staat für die Enteignung ihres Landes bekommen haben, im Vergleich zu den jetzigen Preisen lächerlich gering war. Im Moment, als die Regierung beschloss, das Land zu enteignen, und es zu Bauland erklärten, erlebte dieses eine nie dagewesene Wertsteigerung. Über Nacht war es das Vielfache wert. Bauernproteste, die es bei der Enteignung gab, wurden niedergeknüppelt. Am Strand stehen einige leere Hotels und Bauruinen – für Spekulanten ist es einträglicher zu warten, bis die Landpreise sich wiederum verdoppelt oder verdreifacht haben. Es gibt zwar eine staatliche Stelle, welche die Bauarbeiten überprüft, doch die Beamten sind korrupt; sie lassen sich bestechen, um ihr mageres Salär aufzubessern.

Vielleicht hat ihr Sohn mit Kollegen zusammen eine Internetplattform aufgezogen, die auf das Fischsterben vor der Küste und auf Proteste von Fischern aufmerksam macht, nachdem eine Textilfirma ihren Betrieb aufgenommen hat. Doch ähnlich wie in Vietnam, wo 2019 ein entsprechendes Gesetz in Kraft trat, muss der Beitrag innerhalb von 24 Stunden entfernt werden – er stelle eine Bedrohung für die nationale Sicherheit dar.

Ihr Sohn ist einer der wenigen, die die Preisgabe des Landes an einen schrankenlosen Kapitalismus kritisieren. Er hat einen schweren Stand. Die Partei gibt sich ja ebenfalls als Gegner des Kapitalismus aus. Sie ist bei den alten kommunistischen Botschaften geblieben, spricht noch immer vom »siegreichen Vorantreiben der Industrialisierung« und von »Modernisierung«, doch die Parolen haben unter der Hand die Bedeutung gewechselt. Der »revolutionäre Geist«, der weiterzuentwickeln sei, hat mit den sozialistischen Idealen nichts mehr gemein. Das haben die westlichen Medien und

Politiker begriffen. Von den internationalen Protesten, die früher auf die Kommunisten in Pjöngjang niederhagelten, ist nicht mehr viel zu spüren. Vor allem jene Journalisten, die der freien Marktwirtschaft das Wort reden, feiern die Öffnung der Märkte, den »wirtschaftlichen Reformkurs«, das gute Investitionsklima, eine Wirtschaftsleistung, die sich in wenigen Jahren vervielfacht hat. Auch ein Teil der Landbevölkerung lässt sich von den Erfolgen blenden; sie verliert weiterhin ihren Boden, doch lebt sie besser. Die Armut, unter der sie jahrhundertelang litt, ist weitgehend verschwunden.

Die Frau hat mit der Entschädigung, die der Staat ihr für ihr Land bot, in einem Dorf weiter im Landesinnern ein kleines Haus gebaut. Sie pflegt ihren Garten wie ihre Eltern früher den ihren. Ihre Tochter hat ein kleines Auskommen als Haushaltshilfe bei reichen Leuten gefunden – eine der vielen billigen Arbeitskräfte im Land. Auf die kommunistische Tragödie folgte das kapitalistische Trauerspiel. Hat sie dafür ihr ganzes Leben gearbeitet und gelitten?

Es wäre dem Land zu wünschen, dass die tatsächliche Entwicklung heller aussehen wird. Nordkorea hat, was weder Albanien noch Vietnam hatten: einen südlichen Nachbarn, der sich bei einer vorsichtigen Öffnung als entscheidend erweisen könnte. Der dafür sorgen könnte, dass die Partei Schritt für Schritt Macht abgibt, das nordkoreanische Volk seine Souveränität zurückgewinnt, am Umbauprozess mitbeteiligt wird, die Gesetzgebung sich dem Wandel anpasst und Nordkorea sich zu einem Rechtsstaat entwickelt.

An Anläufen zur Wiedervereinigung der beiden Koreas hat es bisher nicht gefehlt. 1960 legte Kim Il-sung ein erstes Konzept vor, das die Schaffung einer demokratischen Republik vorsah. In die Regierungszeit seines Sohnes fallen zwei Gipfeltreffen mit Südkorea (2000, 2007); weitere mit Kim Jong-un haben in diesem Jahr stattgefunden. Allen wurde vorschnell die Bezeichnung »historisch« beigefügt. Keine dieser Initiativen hat jedoch dazu geführt, dass die beiden Teile auch nur den Kriegszustand, in dem sie sich seit 1950 befinden, beendeten, geschweige denn, dass sie sich in einem Friedensvertrag als eigenständige Staaten anerkannten.

Nicht allein die beiden Koreas stehen dem im Weg. Um das Waffenstillstandsabkommen von P'anmunjŏm aufzulösen, sind formell die Mächte gefragt, die ihre Unterschrift unter das Dokument setzten: neben Nordkorea die UNO, vertreten durch die USA, und China. Südkorea gehört nicht zu den Unterzeichnerstaaten, sein damaliger Präsident Rhee Syngman weigerte sich, das Abkommen zu ratifizieren. Die Wiedervereinigung brauchte eine Vorarbeit, die von allen Beteiligten einschneidende Kompromisse verlangte. Nordkorea müsste auf sein Atomprogramm und auf seine biologischen und chemischen Massenvernichtungswaffen verzichten; Südkorea hätte seine Verfassung zu ändern, in der steht, sein Territorium umfasse die gesamte Halbinsel. Die USA müssten ihre rund 28 000 Soldaten aus Südkorea abziehen oder deren Zahl drastisch reduzieren, was mit dem Risiko verbunden wäre, dass China versuchen könnte, seinen Einfluss auf die ganze Halbinsel auszudehnen. Eine Wiedervereinigung würde die politischen Gewichte in der ganzen Region verschieben und neue internationale Kräfteverhältnisse schaffen. Davor schrecken alle beteiligten Mächte zurück.

Die Frau wird es nicht mehr erleben. Die Wiedervereinigung wird erst in Generationen zu schaffen sein. Geduld ist eine der koreanischen Tugenden; sie ist weiterhin gefragt.

Von Rajin nach Seoul

Wo bin ich? Mein Ortungssystem versagt; ich habe, eingeklemmt zwischen zwei diffusen Wänden, die Orientierung verloren. Leute bedrängen mich von vorn, von hinten. Es ist sehr hell, die Augen sind geblendet.

»Das wäre doch etwas für dich«, höre ich Yu-mi sagen. Sie steht neben mir und zeigt auf eine der beiden Wände. Dort hängen Hemden. Herrenhemden in allen Farben. Hemden nach rechts und links, Hemden bis in den Himmel. Ich greife mechanisch in die Wand, hole ein gestreiftes Hemd heraus, halte es vor meine Brust und gehe zum Spiegel an der Seite. Meine Bewegungen erfolgen automatisch, als ob lange verlernte Reflexe wieder aktiviert würden. Von oben kommt Musik.

»Das musst du nehmen, das steht dir«, sagt Yu-mi. Ich begreife nicht. Sie nimmt mich am Arm und führt mich durch stehende, gehende Menschen, an hohen Gestellen und Auslagen vorbei zur Kasse. Es war ihre Idee, nach der Ankunft in Yanji das Hotel nochmals zu verlassen und einige Straßen weiter ein Warenhaus zu besuchen. Es geht gegen Abend. Beim Gang durch die chinesische Stadt empfinde ich die Leuchtreklamen, die denen einer westlichen Metropole in nichts nachstehen, als grell und aggressiv. Sie nehmen vom Bewusstsein Besitz und verdrängen die Eindrücke aus Nordkorea. Nur mit Mühe vermag ich die Erinnerungen an die letzten Stunden jenseits der Grenze herzuholen.

Am Vormittag des letzten Tages warteten an der Kontrollstation zur Sonderwirtschaftszone Rasŏn die Herren Kang und Lee, unsere ersten Führer, und luden unser Gepäck aus dem weißen Minibus in den schwarzen Highlander um. Wir verabschiedeten uns von unserem aktuellen Team und überquerten die Zonengrenze in süd-nördlicher Richtung. Herr Kang hatte die Formalitäten bereits erledigt und gab uns die Pässe zurück. Wir sanken in die Sitzpolster und genossen die ruhige Fahrt auf der geteerten Straße.

In Rajin machten wir noch einmal einen Besuch in der Buchhandlung. Das Angebot hatte sich nicht verändert. Wir waren nicht der Bücher wegen gekommen, sondern um die Postkarten, die ich hier gekauft und unterwegs geschrieben hatte, aufzugeben. Die offizielle Poststelle schien Herrn Kang offenbar zu unsicher. Ich bezahlte an der Kasse das Porto, obschon ich daran zweifelte, dass die Postkarten das Land je verlassen würden. Doch drei Wochen später werden sie zuverlässig an ihrem Bestimmungsort angekommen sein, schneller als aus einigen europäischen Destinationen.

An der Grenze bei Quanhedao, wo wir kurz nach Mittag eintrafen, warteten entlang der Straße über ein Dutzend chinesische Reisebusse. Die Touristen waren teilweise ausgestiegen und hatten sich am Straßenrand niedergelassen. Die Grenze ist über Mittag geschlossen, ungeachtet des Reiseaufkommens. Erst um halb zwei Uhr öffnet sie wieder. Herr Kang schleuste uns an der Wagenkolonne vorbei, sodass wir bei der Öffnung die ersten waren. Von ihm angetrieben, hasteten wir durch die verschiedenen Posten, im Nacken die ungeduldig vorwärtsstürmenden chinesischen Touristenmassen. Am Zoll interessierte man sich nicht für die Waren, die wir ausführten. Dagegen wurde genau kontrolliert, ob wir nichts im Land zurückließen. Wir hatten Bücher und Landkarten, vor allem aber die Fotochips und elektronischen Geräte, die wir mitgebracht hatten, lückenlos vorzuweisen und wieder mit über die Grenze zu nehmen. Eine hilflose Maßnahme angesichts der Tatsache, dass elektronische Geräte, chinesische DVDs, südkoreanische Musik-CDs zu Tausenden über die Grenze geschmuggelt werden und im Land ausländische Filme, Songs und musikalische Trends verbreiten. Sie erlauben vielen Nordkoreanerinnen und -koreanern den Eintritt in eine Parallelwelt, die jenseits der Grenze existiert, und lassen die politische Rhetorik und Autorität der Partei verblassen.

An Yu-mis Seite irre ich durch die chinesische Stadt. Das Hemd hat sich als zu klein erwiesen, ich muss es umtauschen. Soll ich bei dieser Gelegenheit ein anderes wählen? Schwindel packt mich, ich glaube mich übergeben zu müssen, bin dem Angebot nicht gewachsen. Die Musik ist Folter. Ich tausche das Hemd gegen ein größeres und mache, dass ich wegkomme.

Wir sitzen in der Abflughalle des Flughafens Yanji. Yu-mi hat den abendlichen Gang durch die Stadt aus vollen Zügen genossen. Sie ist unternehmungslustig, hat den Übergang in die chinesisch-kapitalistische Warenwelt mit Leichtigkeit geschafft. Am liebsten wäre sie nach dem Essen noch in ein Konzert oder ins Kino gegangen. Ich winkte ab. Das gedrosselte Tempo des nordkoreanischen Alltags steckt noch in mir; es folgt mir zum Flughafen, begleitet mich auf dem Flug, ist auf Seouls Flughafen Incheon noch immer da. Halb benommen stehe ich in der Schlange vor der Einreisekontrolle, froh darüber, dass der Orkan, der sich der Südküste Koreas nähert, nicht zu einem Flugverbot geführt hat. Es stürmt und regnet, als wir im Bus sitzen. Im Fernsehgerät über dem Kopf des Fahrers, wo bei unserer Ankunft aus Europa die beiden koreanischen Präsidenten sich die Hand gaben, sind nun Bilder von zusammengestürzten Häusern und überfluteten Städten zu sehen. Es sind, stellt sich heraus, Archivaufnahmen der letzten Sturmflut, die verheerend war.

Ein Händedruck ist im südkoreanischen Fernsehen auch an diesem Abend zu sehen, und zwar, als US-Außenminister Mike Pompeo ein Mitglied des Zentralkomitees der Partei der Arbeit Koreas zu einem Kurzbesuch in Pjöngjang trifft. Setzt sich das Tauwetter, das mit dem Besuch des südkoreanischen Präsidenten Moon Jae-in in Nordkorea wieder eingesetzt hat, fort? Im Februar 2019 wird es in Vietnam zum zweiten Gipfeltreffen zwischen Kim Jong-un und Präsident Trump kommen. Im April 2019 wird das nordkoreanische Außenministerium den amerikanischen Außenminister Pompeo als »unbesonnen«, »unreif«, gar von »gemeinem Charakter« bezeichnen und ihn vor die Tür setzen. Im Juni 2019 geben sich der nordkoreanische und der nordamerikanische Präsident auf der Demarkationslinie von P'anmunjŏm die Hand. Im Herbst ist von einem möglichen weiteren Treffen die Rede. In seiner Neujahrsansprache 2020 droht Kim Jong-un mit der Entwicklung neuer strategischer Waffen. Im Juni 2020 schockiert Pjöngjang den südlichen Nachbarn mit der Sprengung des innerkoreanischen Verbindungsbüros in Kaesŏng. Das Spiel geht weiter.

Der Sturm draußen hat sich gelegt. Der Regen ist geblieben.

Anmerkungen

23 Das südkoreanische Ministerium für Wiedervereinigung führt eine offizielle Statistik über Flüchtlinge aus Nordkorea, vgl. www.unikorea.go.kr/eng_unikorea/relations/statistics/defectors/.

35–38 Zur Raffinerieruine vor Rajin vgl. Rüdiger Frank, *Unterwegs in Nordkorea*, S. 332.

42–45 Einen Überblick über die Zone von Rasŏn gibt Rüdiger Frank in *Nordkorea*, S. 235–239, 402–406.

46–48 Zur Selbstisolation Nordkoreas vgl. Rüdiger Frank, *Nordkorea*, S. 27–36.

57–59 Luise Rinser, *Nordkoreanisches Reisetagebuch*, S. 13, 75 f., 85, 149, 167.

70 Die ZDF-Dokumentation »Büro 39. Nordkoreas schwarze Kassen«, Regie Sebastian Weis, wurde erstmals am 3. Februar 2020 ausgestrahlt, vgl. www.zdf.de/dokumentation/zdfinfo-doku/buero-39-nordkoreas-schwarze-kassen-104.html.

71–85 Die Zitate stammen aus Arno Maierbruggers *Nordkorea*, S. 81, 178; Barbara Demicks *Im Land des Flüsterns*, S. 24, 98, 101, 105, 112, 161, 166, 188 f., 205 f., 209 f., 213, 215, 218, 221, 234; Hazel Smiths *North Korea. Markets and Military Rule*, S. 201, 219–221, 225, 231, übersetzt von RB.

71–87 Eine ausführliche Darstellung über den Umbau des Wirtschaftssystems findet sich bei Rüdiger Frank, *Nordkorea*, S. 195–232.

86 UN-Bericht »The price is rights« von 2019, www.ohchr.org/Documents/Countries/KP/ThePriceIsRights_EN.pdf.

87 Der Publizist Andrei Lankov wird nach der Sendung der Deutschen Welle »Norkoreas Privatsektor von Korruption unterwandert« zitiert, 30. Mai 2019, www.dw.com/de/nordkoreas-privatsektor-von-korruption-unterwandert/a-48964992.

87 Der Corruption Perceptions Index, www.transparency.org/cpi2019.

93–96 Die Zitate aus den Reden Kim Jong-uns von 2015, publiziert in *For the Prosperity of the Country*, S. 3 f., 11, 15 f., 23, übersetzt von RB.

101 Der Reiseanbieter unter: www.koreakonsult.com.

122–126 Die Informationen zu Nordkoreas Ernährungslage stammen aus folgenden Publikationen: WFP und FAO, Bericht, 2019, www.fao.org/3/ca4447en/CA4447EN.pdf; Welthungerindex, 2019, www.globalhungerindex.org/de/north-korea.html; Peter G. Achten, »Nordkorea. Überleben mit ›Wasser und Luft‹«, *Infosperber*, 30. Mai 2019, www.infosperber.ch/Politik/Uberleben-mit-Wasser-und-Luft; Chang Young Bang, »Intending calamity for Kim regime«, *The Korea Times*, 15.Oktober 2018, www.koreatimes.co.kr/www/opinion/2020/02/198_256989.html; Corina Gall, »Während Kim Raketen baut, brauchen Nordkoreas Kinder Vitaminkekse«, NZZ, 25. Juli 2018, www.nzz.ch/international/die-nordkoreanische-bevoelkerung-zahlt-fuer-das-raketenprogramm-des-regimes-einen-hohen-preis-ld.1405996?reduced=true; Torsten Krauel, »Elf Millionen Nordkoreanern droht eine neue Hungersnot«, *Die Welt*, 20. Mai 2019, www.welt.de/wirtschaft/article193769637/Nordkorea-Elf-Millionen-Menschen-droht-neue-Hungersnot.html; Matthias Müller, »Nordkorea. Lebensmittel werden knapp – ausser in Pjöngjang«, *NZZ*, 8. Mai 2019, www.nzz.ch/international/nordkorea-lebensmittel-werden-knapp-ausser-in-pjongjang-ld.1479921.

129 Die Website des Committee for Human Rights in North Korea liefert kontinuierlich Informationen über die Lager und die Situation der Internierten dort, www.hrnk.org/; vgl. Matthias Naß, »Der Alptraum im Lager 14«, ZEITonline, 13. März 2014, www.zeit.de/2014/12/nordkorea-gulag-ueberlebende/komplettansicht.

130 Die zehn Gebote des Lagers 14 werden zitiert nach Blain Harden, *Flucht aus Lager 14*, S. 241–244.

142 f. Zur Geschichte des Atomtestgeländes P'unggye-ri und des nordkoreanischen Atomprogramms, über das es Dutzende von einschlägigen Publikationen gibt, vgl. Rüdiger Frank, *Nordkorea*, S. 136–142.

158 f. Zur Lebenserwartung in Nordkorea, zu ihrer Entwicklung und zu Nordkoreas Gesundheitswesen finden sich bei Wikipedia einige Hinweise, https://en.wikipedia.org/wiki/Health_in_North_Korea; der Bericht des UNO-Büros OCHA von 2018, www.reliefweb.int/sites/reliefweb.int/files/resources/DPRK%20NP%202018%20110418%20FINAL.pdf; der Bericht von

Amnesty International, www.amnesty.ch/de/laender/asien-pazifik/nordkorea/dok/2010/gesundheitssystem-kurz-vor-dem-kollaps/bericht-the-crumbling-state-of-health-care-in-north-korea.

164 Eine Auswahl von nordkoreanischen Liedern bietet www.nordkorea-info.de/lieder-fuer-ewige-sonne.html.

177 Der Titel »Generalsekretär der Partei der Arbeit Koreas« wurde inzwischen wieder vergeben. Auf dem achten Kongress der Partei im Januar 2021 wurde Kim Jong-un zum Generalsekretär der Partei der Arbeit Koreas gewählt.

177 f. Barbara Demick, *Im Land des Flüsterns*, S. 73 f.

178 Die Arte-Dokumentation »Have fun in Pjongjang«, Regie Pierre-Olivier François, wurde erstmals am 17. März 2019 ausgestrahlt, www.dailymotion.com/video/x734f96.

178 Brian Myers' Sicht auf das Verhältnis der Nordkoreaner zu ihrem Staat ist thematisiert bei Franziska Hirsbrunner, »Nordkorea. Einblicke in ein verschlossenes Land«, Radio SRF, 14. April 2013, www.srf.ch/kultur/gesellschaft-religion/nordkorea-einblicke-in-ein-verschlossenes-land.

185 Zitat aus der Rede Kim Jong-uns im März 2015 in *For the Prosperity of the Country*, S. 67.

188 f. Zum Vergleich mit Albanien vgl. Justus von Daniels, »Albaniens neues Gesicht«, *Le Monde diplomatique*, Berlin, 10. April 2014, www.monde-diplomatique.de/artikel/!366270; Jean-Arnault Dérens und Laurent Geslin, »Auf Sand gebaut«, *Le Monde diplomatique*, Berlin 10. September 2020.

190 Gespräch mit Joschka Fischer, »›Statt aus den Fehlern zu lernen eskaliert man diese noch‹«, *Die Zeit*, 5. März 2020.

190–193 Zum Vergleich mit Vietnam vgl. Pierre Daum, »Reisfelder zu Golfplätzen«, *Le Monde diplomatique*, Berlin, 16. Februar 2019, www.taz.de/Aus-Le-Monde-diplomatique/!5573139/.

193 Ähnliche Überlegungen zur Zukunft Nordkoreas wie die hier skizzierten stellt auch Andrei Lankov in seinem Buch *The Real North Korea* an, vgl. S. 187–202. Als weitere denkbare Szenarien nennt er einen Konflikt innerhalb des inneren Machtzirkels Nordkoreas, die Destabilisierung des Regimes durch Unruhen im benachbarten China oder eine Invasion von außen, durch Südkorea, unterstützt von den USA, durch China oder durch die internationale Gemeinschaft.

Literatur und Dokumentationen zu Nordkorea

Die folgende Auswahl ist bewusst beschränkt gehalten. Aufgeführt sind Publikationen, Dokumentationen und Internetseiten, die für die Arbeit zu diesem Buch herangezogen wurden, ergänzt durch weitere vertrauenswürdige Titel, die für Interessierte nützlich sein könnten. Internetseiten und -dokumentationen werden einbezogen, soweit sie bei Abschluss des Manuskripts (31. August 2020) zugänglich waren. Zeitungsartikel und Internetseiten, auf die in den Anmerkungen im Zusammenhang mit speziellen Themen verwiesen wird, sind nicht aufgelistet.

Buchpublikationen

Demick, Barbara, *Die Kinogänger von Chongjin. Eine nordkoreanische Liebesgeschichte*, Droemer Knaur, München 2010; als Taschenbuch: *Im Land des Flüsterns. Geschichten aus dem Alltag in Nordkorea*, Droemer, München 2016

> Das Buch gibt Einblick in das tägliche Leben und die Probleme der Bevölkerung während der desaströsen neunziger Jahre. Die zahlreichen Gespräche und Interviews werden verdichtet zu individuellen Geschichten ausgewählter Protagonisten und ergänzt mit Hintergrundwissen über den wirtschaftlichen, sozialen und politischen Zustand des Landes vor und während dieser Zeit.

Eggert, Marion, und Jörg Plassen, *Kleine Geschichte Koreas. Von den Anfängen bis zur Gegenwart*, C.H.Beck, München 2018

> Der Band bietet einen wissenschaftlich fundierten Abriss der koreanischen Geschichte bis zur Teilung des Landes sowie der Entwicklungen in Nord- und Südkorea.

Frank, Rüdiger, *Nordkorea. Innenansichten eines totalen Staates*, Deutsche Verlags-Anstalt, München 2014, 16 Abb.

Dies ist eine vertiefte Auseinandersetzung mit Nordkorea, seinen historischen und ideologischen Wurzeln, seinen Institutionen, seiner Wirtschaft, seinen sozialen Problemen.

Frank, Rüdiger, *Unterwegs in Nordkorea. Eine Gratwanderung*, Deutsche Verlags-Anstalt, München 2018, 32 Abb.

Dieses Resümee verschiedener Reisen in die Hauptstadt und alle Landesteile der DVRK bietet Informationen aus erster Hand über den nordkoreanischen Alltag, über Landschaft und Verkehrswesen, auch Reisetipps.

Harden, Blain, *Flucht aus Lager 14. Die Geschichte des Shin Dong-hyuk, der im nordkoreanischen Gulag geboren wurde und entkam*, übersetzt von Udo Rennert, Deutsche Verlags-Anstalt, München 2012, 17 Abb.

Der Autor hat die Geschichte des aus dem Lager entkommenen und aus Nordkorea geflüchteten Shin Dong-hyuk nach zahlreichen Gesprächen rekonstruiert. Die Glaubwürdigkeit des Buchs hat gelitten, seit bekannt wurde, dass Shin Dong-hyuk einen Teil seiner Aussagen zurücknehmen musste, vgl. https://de.wikipedia.org/wiki/Shin_Dong-hyuk. Der Wahrheitsgehalt des Berichts als Ganzem wurde indes nicht in Frage gestellt.

Kim Jong-un, *For the Prosperity of the Country*, Foreign Languages Publishing House, Pjöngjang 2017

Lankov, Andrei, *The Real North Korea. Life and Politics in the Failed Stalinist Utopia*, Oxford University Press, 2013, 16 Abb.

Die Geschichte und Gegenwart Nordkoreas wird im Licht der Innen- und Außenpolitik des Landes erzählt, mit zum Teil anekdotischen Fallbeispielen.

Maierbrugger, Arno, *Nordkorea*, Trescher, Berlin 2014

Der Reiseführer widmet über hundert Seiten der Einführung in das Land, seine Geschichte, politische Struktur, Wirtschaft und Kultur.

Myers, Brian, *The Cleanest Race. How North Koreans See Themselves and Why It Matters*, Melville House, Brooklyn, NY, 2011

Pak Jung H., *Kim Jong-un. Eine CIA-Analystin über sein Leben, seine Ziele, seine Politik*, übersetzt von Ulrike Becker, Gabriele Gockel, Rita Seuss und Thomas Wollermann, Dumont, Köln 2020, 8 Abb.

Das Buch bietet ein fundiertes Porträt des Herrschers und seiner Vorfahren, seiner Politik, des nordkoreanischen Atomprogramms und der Machtspiele des inneren Zirkels, gleichzeitig eine Geschichte Nordkoreas aus dem Blickwinkel der Machterhaltung gegen innen und außen.

Rinser, Luise, *Nordkoreanisches Reisetagebuch*, aktualisierte und erweiterte Ausgabe, S. Fischer, Frankfurt am Main 1983

Smith, Hazel, *North Korea. Markets and Military Rule*, Cambridge University Press, 2015

Diese materialreiche Dokumentation der Militär-zuerst-Politik unter Kim Jong-il und Kim Jong-un mit ihren Auswirkungen auf Wirtschaft und Gesellschaft verwertet und analysiert Statistiken, Wirtschaftsdaten und einschlägiges Zahlenmaterial.

Tudor, Daniel, *Ask a North Korean. Defectors Talk about Their Lives Inside the World's Most Secretive Nation*, Tuttle Publishing, Tokyo, Rutland, Singapore 2017, 30 Abb.

Der Band enthält Aussagen von über einem halben Dutzend Nordkoreanern, die aus ihrer Heimat geflohen sind. Ihnen wurden Fragen zu der politischen, sozialen, wirtschaftlichen und kulturellen Realität ihres Landes gestellt. Die meisten der Antworten wurden zunächst auf dem amerikanischen Internetportal NK News publiziert. Der Autor und Herausgeber, von 2010 bis 2013 Koreakorrespondent des englischen Economist Magazine, stellte sie zusammen und kommentierte sie.

Film- und Videodokumentationen

Korea, der hundertjährige Krieg. Verfeindete Brüder, Regie Pierre-Olivier François, Arte, 2019, 2 Teile: Teil 1, 55', youtube.com/watch?v=_Mi2YETDGZU, Teil 2, 57', dailymotion.com/video/x73jrvo

Die Geschichte Koreas seit der Kolonialisierung durch Japan ist eine informative, sachliche Darstellung der Entwicklung Koreas in zwei verfeindete Staaten mit Dokumentaraufnahmen, Interviews, aktuellen Bildern.

Büro 39. Nordkoreas schwarze Kassen, Regie Sebastian Weis, 59', Dokumentation, ZDF, 2019, zdf.de/dokumentation/zdfinfo-doku/buero-39-nordkoreas-schwarze-kassen-104

Der Bericht behandelt Nordkoreas Methoden bei der illegalen Geldbeschaffung im Ausland. Das »Büro 39« ist das Organisations- und Verwaltungszentrum der entsprechenden Aktivitäten, Headquarter auch für nordkoreanische Firmen, die im Inland für den Export arbeiten.

Kim Jong Un und Nordkoreas geheime Geldquellen, Galileo, 30. August 2018, prosieben.ch/tv/galileo/videos/2018267-montag-kim-jong-un-und-nordkoreas-geheime-geldquellen-ganze-folge

Die Darlegung Nordkoreas Geldbeschaffung im Ausland legt den Schwerpunkt auf die exportierten Arbeitskräfte und Leiharbeiter.

Nordkorea. Kims Männer, Regie Marjolaine Grappe, 50', Reportage, Arte, 2018, arte.tv/de/videos/077451-000-A/arte-reportage/

Die Reportage über Nordkoreas Geldbeschaffung im Ausland gibt Einblick in die Aktivitäten von »Büro 39« und in das Raketen- und Atomprogramm.

Geheimes Nordkorea. Die sieben Säulen der Macht, Regie Stefan Ebling, 45', Dokumentation, ZDF, 2018, zdf.de/dokumentation/zdfinfo-doku/geheimes-nordkorea-102.html

Die Dokumentation zeigt, was Nordkorea zusammenhält, behandelt Kim Jong-un und den Führerkult, die Armee, Atomwaffen, die illegale Geldbeschaffung, die Ideologie der Bedrohung und das Bestrafungssystem.

Have fun in Pjongjang, Regie Pierre-Olivier François, 58', Dokumentation, Arte, 2019, dailymotion.com/video/x734f96

Das Team dieses informativen Berichts über die Hauptstadt, das Touristikzentrum Wŏnsan und einige Landwirtschaftskooperativen besuchte das Land über einen Zeitraum von acht Jahren über vierzigmal.

»Die glücklichsten Menschen der Erde«. Seltene Einblicke in Nordkorea, Dokumentation, RT, 2017 (ehemals Russia Today), 2 Teile: Teil 1, 26', youtube.com/watch?v=1qRCGOJLRVU, Teil 2, 25', youtube.com/watch?v=Qt38qg6E7eA

Die wohlwollende Annäherung an das Land zeigt den Alltag einer privilegierten Familie in Pjöngjang, die mit dem Staat und seiner Führung einverstanden ist. Paraden, Arbeitseinsätze, Revolutionslieder mit deutscher Übersetzung sind Teil des Films.

Geheimakte Kim Jong Un. Nordkoreas rätselhafter Führer, Regie Anthony Dufour, 42', Dokumentation, ZDF, 2017, zdf.de/dokumentation/zdfinfo-doku/geheimakte-kim-jong-un-102.html

Das auf den Führer fokussierte, relativ unpolitische Porträt geht dem Rätsel Kim Jong-un nach. Es beinhaltet Gespräche, Rückblenden auf Kim Jong-il, Dokumentaraufnahmen, unter anderem des nordkoreanischen Fernsehens.

Internetseiten

Daily NK, dailynk.com/english

Gut informierte südkoreanische Informationsplattform, die wöchentlich einen englischsprachigen Newsletter mit Kurznachrichten über die aktuelle Lage in Nordkorea verschickt, betreut von einer Redaktion aus nordkoreanischen Flüchtlingen, die sich auf geheime Informanten in Nordkorea berufen.

Rodong Sinmun, rodong.rep.kp/en/index.php

Das offizielle Organ des Zentralkomitees der Partei der Arbeit Koreas stellt auf seiner Website ausgewählte Artikel in englischer Sprache als PDF bereit.

Zeitleiste

1945	Kapitulation Japans und Ende der 35-jährigen Kolonialherrschaft Teilung Koreas in zwei Besatzungszonen
1948	Ausrufung der Republik Korea im Süden und der Demokratischen Volksrepublik Korea im Norden Durchführung getrennter Wahlen
1950–1953	Koreakrieg
1953	Waffenstillstandsabkommen in P'anmunjŏm
1985	Beitritt zum Atomwaffensperrvertrag
1989	Zusammenbruch des Ostblocks
1994	Tod Kim Il-sungs Sein Sohn Kim Jong-il zum Nachfolger ernannt
1994–1997	Naturkatastrophen mit folgender Hungersnot
2000	Gipfeltreffen von Kim Jong-il und dem südkoreanischen Präsidenten Kim Dae-jung in Pjöngjang
2002	Währungsreform, wirtschaftliche Öffnung Richtung Marktwirtschaft Nordkorea von Präsident George W. Bush zur Achse des Bösen gezählt Beendigung der Entwicklungszusammenarbeit der EU mit Nordkorea nach dem Bekanntwerden von dessen Atomwaffenprogramm
2003	Austritt aus dem Atomsperrvertrag

2006 Erster nordkoreanischer Atombombentest
Test der ersten Langstreckenrakete
Erste UNO-Sanktionen gegen Nordkorea

2007 Gipfeltreffen von Kim Jong-il und dem südkoreanischen Präsidenten Roh Moo-hyun in Pjöngjang

2009 Verankerung des Militär-zuerst-Prinzips in der Verfassung

2011 Tod Kim Jong-ils
Sein Sohn Kim Jong-un siebenundzwanzigjährig zum Obersten Führer ernannt

2017 Test einer Wasserstoffbombe

2018 Zwei Gipfeltreffen von Kim Jong-un und dem südkoreanischen Präsidenten Moon Jae-in in P'anmunjeŏm
Gipfeltreffen von Kim Jong-un und dem US-amerikanischen Präsidenten Donald Trump in Singapur
Drittes Gipfeltreffen von Kim Jong-un und Moon Jae-in in Pjöngjang mit Ausflug auf den Paektusan

2019 Gipfeltreffen von Kim Jong-un und dem US-amerikanischen Präsidenten Donald Trum in Hanoi

Dank

Hoo Nam Seelmann war eine hellwache Begleiterin und Übersetzerin auf der Reise durch Nordkorea und China. Bei der Entstehung des Manuskripts war sie stets zu Auskünften über die Geschichte Koreas bereit und bewahrte mich mit kritischen Einwürfen vor vorschnellen Urteilen. Margrit Schneider begleitete mich während des Recherchierens und Schreibens mit der ihr eigenen Geduld und gab als Erstleserin wertvolle Hinweise zur Verständlichkeit des Textes. Diesem wurde dank Christiane Schmidts Engagement ein einfühlsames, sachkundiges Lektorat zuteil, das seine sprachlichen Eigenheiten respektierte und sie gleichzeitig unerbittlich hinterfragte. Patrizia Grab sorgte für eine sorgfältige Buchgestaltung, zu der auch die eigens gezeichneten Karten gehören. Ihnen allen gilt mein herzlicher Dank. Darin einschließen möchte ich Rüdiger Frank, dessen Publikationen über Nordkorea unverzichtbare Informationen bereithalten.

Über den Autor

Foto: Claude Giger

Rudolf Bussmann, 1947 in Olten geboren, lebt in Basel und im Jura und ist ein Schweizer Schriftsteller. Er hat Geschichte, deutsche und französische Literaturwissenschaften studiert, an der Universität Basel promoviert, Romane und Gedichte veröffentlicht, mit Hoo Nam Seelmann den südkoreanischen Prosaautor Kim Young-ha übersetzt und ist Mitorganisator des Internationalen Lyrikfestivals Basel. Zuletzt sind der Roman *Das andere Du* (2017) und der Gedichtband *Ungerufen* (2019) erschienen. Die Reise nach China, Nord- und Südkorea unternahm er mit Hoo Nam Seelmann im September und Oktober 2018.

YANBIA
CHINA
Paektusan
Himmelssee
Tumen
Changbai-
Gebirge
Samjiyŏn
Yalu (Amnokkang)
Hyesan
NORDKC
Ki